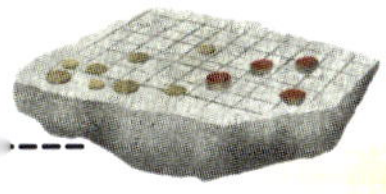

ALTER
ndert

CHMITTELALTER
14. Jahrhundert

SPÄTMITTELALTER
13.–15. Jahrhundert

RENAISSANCE
14.–16. Jahrhundert

FRÜHE NEUZEIT
Ende des 15. Jahrhunderts – 1648

NEUZEIT
1648 – 1918

ZEITGENÖSSISCHE GESCHICHTE
ab 1918

ENZYKLOPÄDIE DER ALLTAGSDINGE

Vom Kühlschrank bis zur Wäscheklammer

INHALT

BADEZIMMER

Nach mehreren Tagen auf der Straße wärst du staubig und heruntergekommen, schlicht furchtbar schmutzig. Aber wo ist das Problem? Du gehst einfach ins Bad und steigst in die Dusche, oder du füllst die Wanne und gibst Badeschaum oder spezielle Duftsalze hinzu. Ehe du dich versiehst, bist du blitzsauber und frisch wie ein Gänseblümchen. Aber wie wir wissen, hatten die Menschen zu Hause nicht immer ein Badezimmer, das sie sofort benutzen konnten.

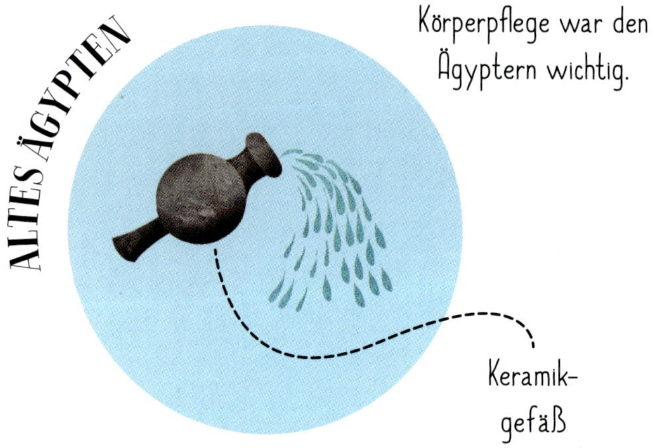

Waschen unter freiem Himmel

Wie haben sich unsere Vorfahren also gewaschen? Nun, sie nutzten die Angebote der Natur. Sie tauchten in einen kalten Fluss, Teich oder Bach oder ins Meer, wenn es in der Nähe war. Die Glücklichsten genossen eine erfrischende Dusche in einem schäumenden Wasserfall. Und das alles bei Vogelgezwitscher, Waldrauschen und einer warmen Brise, die ihnen über die Wangen strich. Ziemlich romantisch, muss man zugeben …

Die gute alte Badewanne

Die Adeligen in Ägypten hatten in ihren Palästen Badewannen, die sie mehrmals am Tag benutzten. **Warmes Wasser, das mit Ziegen- oder Eselsmilch angereichert und mit Kräutern parfümiert wurde**, war gut für die Haut. Baderituale gehörten zum Tagesablauf. Die Ägypter badeten, bevor sie sich zur Nachtruhe begaben, und sogar vor den Mahlzeiten, denn sie glaubten, dass sie den Göttern umso näher standen, je sauberer sie waren. Wenn keine Zeit für ein Bad war, reichte eine Dusche.

Zeitstrahl →

PRÄHISTORISCHE ZEIT	ALTES ÄGYPTEN	ANTIKES GRIECHENLAND	RÖMISCHES REICH	NAHER OSTEN

Typische griechische Badewanne aus Stein oder Ton

Griechische Badezimmer

Auch im antiken Griechenland wurde **Sauberkeit mit Gottesfurcht gleichgesetzt**. Während die Armen Töpfe mit Wasser füllten, um ihre Körperhygiene zu verrichten, nutzten die Wohlhabenden in ihren Palästen dazu spezielle Räume zum Baden und Waschen, die **Wannen aus Ton und ein ausgeklügeltes Abflusssystem** hatten. Man könnte sagen, dass dies die ersten richtigen Badezimmer waren.

Natürliche Quellen

Die öffentlichen Bäder wurden durch zahlreiche natürliche heiße Quellen gespeist. Wenn es in der Nähe keine solche Quelle gab, kein Problem: Die Römer benutzten Aquädukte, um warmes Salzwasser von weit entfernten Orten zu ihren Bädern zu transportieren.

Hoch lebe das Bad!

Die Römer hatten ein ähnliches Verständnis von Sauberkeit wie die Griechen. So ist es nicht verwunderlich, dass die **öffentlichen Bäder** im alten Rom sehr beliebt waren. Für die Menschen der Oberschicht war der regelmäßige Besuch der Bäder praktisch eine Pflicht. Ein gemeinsames Bad war ein wichtiger gesellschaftlicher Anlass. Die Männer badeten natürlich getrennt von den Frauen.

Auch die Griechen badeten regelmäßig.

Der Ofen für die Warmwasserbereitung

Sklaven waren für die Erwärmung des Wassers zuständig

ITTELALTER	16. JAHRHUNDERT	18. JAHRHUNDERT	19. JAHRHUNDERT	20. JAHRHUNDERT

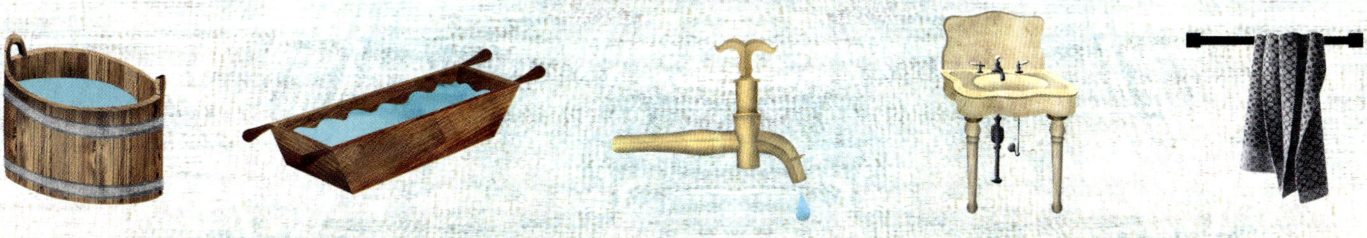

Palast-Badezimmer

Obwohl kein alter Römer dies öffentlich zugegeben hätte, haben Archäologen herausgefunden, dass viele Wohlhabende in ihren Palästen Badebecken und -wannen mit Warmwasserversorgung hatten. Das bedeutet jedoch nicht, dass diese Menschen das Baden in öffentlichen Bädern zugunsten des häuslichen Badens aufgaben. Wie bereits erwähnt, war das **öffentliche Baden eine gesellschaftliche Pflicht**.

Baden im Nahen Osten

Während Bedeutung und Betrieb öffentlicher Bäder im antiken Rom mit der Zeit abnahmen, wurde dies im Nahen Osten kopiert und florierte dort weiter. Allein im antiken Bagdad gab es rund **60 000 öffentliche Waschräume.**

Zeitstrahl →

PRÄHISTORISCHE ZEIT	ALTES ÄGYPTEN	ANTIKES GRIECHENLAND	RÖMISCHES REICH	NAHER OSTEN

Baden zu Hause

Wie sahen private Bäder im Mittelalter aus? Nun, das ist es ja – es gab keine. Man badete zu Hause im Schlafzimmer. Es genügte, einen großen hölzernen Zuber herbeizuschaffen und ihn mit Wasser zu füllen – perfekt, wenn man frisch und sauber ins Bett hüpfen wollte!

Essen im Bad

Wenn du denkst, dass das Mittelalter eine schmutzige Zeit war, irrst du dich! Im frühen Mittelalter gab es **öffentliche Badestuben**, in denen man gegen eine geringe Gebühr baden konnte. Dort besprach man die Angelegenheiten des Tages, manchmal wurde sogar **zu Mittag oder zu Abend gegessen**. Während in der Antike die Männer getrennt von den Frauen badeten, machten sie das im Mittelalter alle gemeinsam.

MITTELALTER | 16. JAHRHUNDERT | 18. JAHRHUNDERT | 19. JAHRHUNDERT | 20. JAHRHUNDERT

Parfüm statt Wasser

Durch das Verbot des öffentlichen Badens und aus Angst vor der Pest verloren die Menschen im späten Mittelalter die Lust am Waschen und am Bau heimischer Bäder. Sie glaubten, dass **saubere Unterwäsche den Körper reinlich hält**, und so mussten die Frauen sehr viel Wäsche waschen. Um ihren eigenen Geruch zu verbessern, rieben sich die Menschen mit parfümierten Ölen ein.

Körperhygiene wurde durch saubere Wäsche ersetzt.

Prototyp der Dusche. Mr. Feethams Idee wurde von dem französischen Arzt François Merry Delabost verwirklicht.

Lang lebe die Dusche!

Vielleicht solltest du dir das Jahr 1767 merken. Damals erfand ein Engländer namens **William Feetham** die erste mechanische Dusche der Welt. Das Wasser wurde in einen von der Decke hängenden Tank gepumpt. Dann brauchte man nur noch an einer Kette zu ziehen, und ein Wasserstrahl fiel auf den Kopf und ergoss sich über den Körper – ein Moment, um ein Lied anzustimmen. In der Geschichte der Körperhygiene war das wirklich ein gewaltiger Schritt!

Das Wunder Wasserhahn

Die Gewohnheit, den eigenen Körper vom Wasser fernzuhalten, hielt sich bis ins 17. und 18. Jahrhundert. Dann entstanden in den Großstädten die ersten **Kanalisationen**, die den Wohlhabenden die Versorgung ihrer Häuser mit **Frischwasser** ermöglichten. Man drehte den Wasserhahn auf und hurra – fließendes Wasser zum Waschen!

Zeitstrahl →

PRÄHISTORISCHE ZEIT	ALTES ÄGYPTEN	ANTIKES GRIECHENLAND	RÖMISCHES REICH	NAHER OSTEN

Ins Bad oder ins Schlafzimmer?

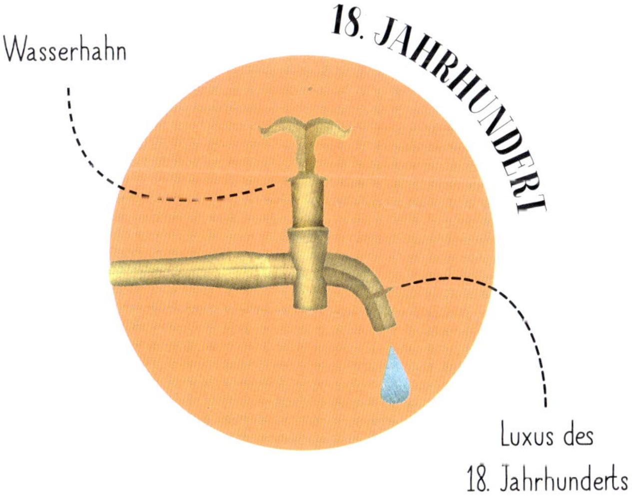

All das, was wir heute im Badezimmer erledigen, führte man im 18. Jahrhundert im **Schlafzimmer** aus. Hände und Füße wusch man in einem Becken, das auf einem Ständer in einer Ecke des Raums stand, in dem auch das Make-up aufgetragen und das Haar an einem Frisiertisch gekämmt und gebürstet wurde. All dies konnte im Beisein von Freunden und anderen Besuchern geschehen – was ist schon Privatsphäre?

MITTELALTER	16. JAHRHUNDERT	18. JAHRHUNDERT	19. JAHRHUNDERT	20. JAHRHUNDERT

Zeitalter der Hygiene

Das fortschrittliche 19. Jahrhundert brachte viele Entdeckungen, die ein Umdenken bewirkten. Die Menschen beschäftigten sich wieder mit Hygiene, aber nun im Hinblick auf Krankheitsvorbeugung. Wer es sich leisten konnte, wertete sein Badezimmer auf. Es wurden Rohrleitungen entwickelt, die das Wasser direkt in die Wanne und das Waschbecken brachten, und auf dem Weg dorthin wurde es in Gas- oder Elektroheizungen erwärmt. Hölzerne Wannen wichen Kupferwannen.

Möchtest du dich mit warmem Wasser waschen? Dreh einfach den Wasserhahn auf.

19. JAHRHUNDERT

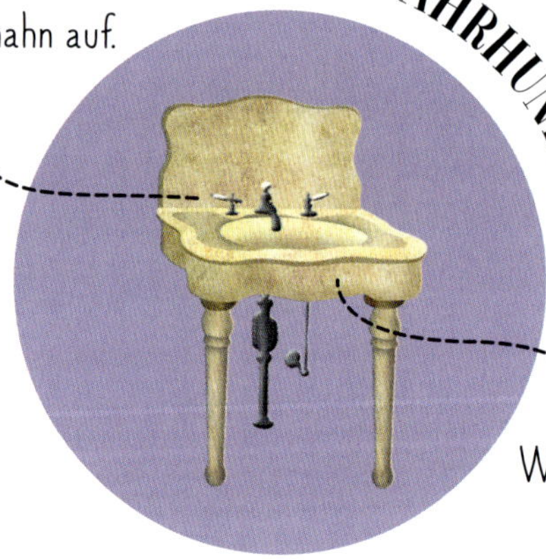

Waschbecken

Wie sich die Armen wuschen

Trotz ihres arbeitsreichen Tages fanden die Armen Zeit, sich zu waschen. Aber private Bäder gab es für sie nicht. In den Mietshäusern, in denen sie lebten, wurden Toiletten und Badewannen gemeinsam genutzt.

Bei jedem Bad mussten alle Familienmitglieder dasselbe Wasser benutzen, man wechselte es nicht. Die Ärmeren konnten auch öffentliche Bäder besuchen, wo man sich unter Gemeinschaftsduschen wusch.

Zeitstrahl ⟶

PRÄHISTORISCHE ZEIT	ALTES ÄGYPTEN	ANTIKES GRIECHENLAND	RÖMISCHES REICH	NAHER OSTEN

Wir haben auch ein Bad!

Zu Beginn des 20. Jahrhunderts hatten sogar die von Arbeiterfamilien gemieteten Häuser eigene Bad- und Toilettenanlagen. Allerdings sind diese nicht mit heutigen Badezimmern vergleichbar. Vor den 1960er-Jahren mussten viele Familien eine **Außentoilette in einem Schuppen auf dem Hof** benutzen. Wenn sie baden wollten, mussten sie sich mit einer tragbaren Wanne begnügen, die sie vor den Kamin stellten.

20. JAHRHUNDERT

Seht mal, wie schön das ist!

Zwischen dem Ersten und dem Zweiten Weltkrieg nahm die Bedeutung des Badezimmers langsam, aber sicher zu. Das Bad war **der Stolz der Hausfrau** und hatte den gleichen Stellenwert wie die Küche. „Schaut euch diesen schönen Raum an, in dem ich mich jeden Abend entspannen kann!“, schien sie ihren Besuchern zu sagen. „Seht nur die glänzende Badewanne, und die Fliesen!“ Und während die Besucher sie beneideten, träumten sie von einem noch schöneren Badezimmer.

Unser modernes Jahrhundert

Wir haben gesehen, dass ein eigenes Bad für die meisten unserer Vorfahren jenseits der kühnsten Träume lag. Heute haben wir Badezimmer mit Fußbodenheizung, Licht, das sich automatisch ein- und ausschaltet, Duschköpfen mit verschiedenen Wasserstrahloptionen, beschlagfreien Spiegeln und vielem mehr. Während wir also in einem Luxus baden, der noch vor gar nicht so langer Zeit unvorstellbar war, sollten wir uns daran erinnern, dass am Anfang – in prähistorischen Zeiten – ein Wasserfall stand …

ITTELALTER | 16. JAHRHUNDERT | 18. JAHRHUNDERT | 19. JAHRHUNDERT | 20. JAHRHUNDERT

WASCHMASCHINE

Sie steht oft im Badezimmer, und wenn sie in Betrieb ist, schnurrt sie. Was ist das? Natürlich eine Waschmaschine! Ein spezielles Gerät, das auf Knopfdruck schmutzige Wäsche in schön saubere, duftende Wäsche verwandelt. Unsere Vorfahren hatten es allerdings schwerer: Für sie war Wäschewaschen harte Arbeit. Schauen wir uns an, wie sie das gemacht haben.

Zwei Männer im alten Ägypten wringen Wäsche aus.

Prähistorisches Wäschewaschen

Prähistorische Wäsche

Bald nachdem die Menschen begonnen hatten, sich in Tierhäute zu hüllen, standen sie vor der Herausforderung, ihre primitive Kleidung sauber zu halten. Wie taten sie das? Nun, sie gingen zum nächsten **Fluss**, dessen frisches, fließendes Wasser den Schmutz entfernte. Sie mussten ihre Kleidung gut festhalten, damit sie nicht mit dem Schmutz weggespült wurde.

Füße als ideales Werkzeug

Ob du es glaubst oder nicht, viele alte Ägypter **benutzten ihre Füße**, um Wäsche zu waschen. Das ist kein Scherz! Die Hieroglyphe für „Wäsche waschen" zeigt zwei Füße im Wasser. Der Mensch hat **viel Kraft in den Beinen**, deshalb ist Stampfen eine gute Möglichkeit, den Schmutz aus der Kleidung herauszuholen.

Gut trainierte Arme

Natürlich kamen nicht nur die Beine zum Einsatz. Die Wäsche wurde auch mit Händen und Armen **gewrungen und ausgeklopft**. Da diese Arbeit viel Kraft erforderte, wurde sie nur von Männern ausgeführt. In regelmäßigen Abständen trugen sie die Wäsche des Dorfes in speziellen Körben zum Wasser und warfen sie hinein. Um sicherzustellen, dass der Schmutz vollständig herausging, sollen sie eine Substanz namens **Natron** verwendet haben. Während kleinere Gegenstände in eigens dafür hergestellten **Wannen** gewaschen wurden, trug man die Bettwäsche zum Nil. Damals lebten in dem Fluss aber sehr viele Krokodile ...

Zeitstrahl →

PRÄHISTORISCHE ZEIT	ALTES ÄGYPTEN	RÖMISCHES REICH	MITTELALTER

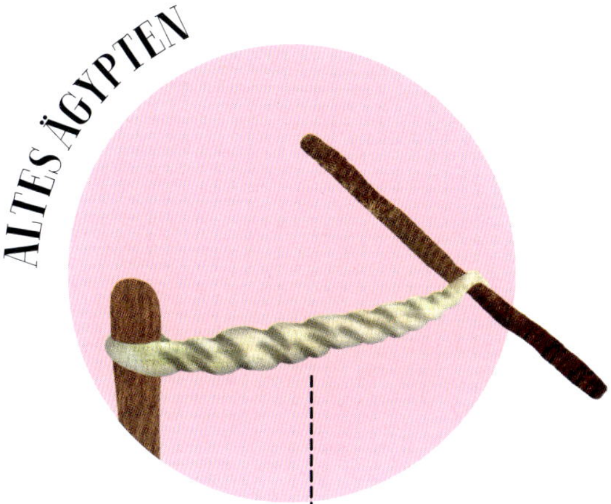

Wäsche zu wringen, erfordert Kraft.

Wäsche waschen mit Urin?

Bei den Römern gab es spezielle Orte, um Wäsche zu waschen, die sogenannten **Fullonicae**, in denen starke Männer, die **Fullones**, arbeiteten. Die **Fullones**, die man auf Deutsch „Tuchwalker“ nennt, wuschen alles, was man ihnen zum Waschen gab. Zuerst weichten sie die Wäsche in einem großen Bottich ein. Nun setzten sie dem Wasser darin **Bleichmittel**, **Lauge** und **Urin** (ja, Urin!) zu. Dann wuschen sie die Wäsche, indem sie sie stampften. Schließlich wurden die Reinigungsmittel abgelassen, bevor die Tuchwalker die Wäsche in sauberem Wasser spülten.

Ein Tuchwalker benutzt seine Füße.

Ein Tuchwalker wäscht Wäsche.

Urinauffangbehälter

Woher kam der Urin?

Urin enthält **Ammoniak**, ein wichtiges Mittel für das Waschen von Wäsche. Folglich war der Bedarf an Ammoniak immer hoch. Aber wie wurde der Urin in die **Fullonicae** geliefert? Ganz einfach, wie wir heute wissen. Die **Fullones** ließen leere Krüge in der Nähe ihres Arbeitsplatzes auf der Straße stehen. Wenn jemand in einem Moment der Not einen dieser Krüge entdeckte, konnte er oder sie den eigenen Urin für die Wäscherei spenden. Ein Hurra auf saubere, schneeweiße Wäsche!

7. JAHRHUNDERT	18. JAHRHUNDERT	19. JAHRHUNDERT	20. JAHRHUNDERT

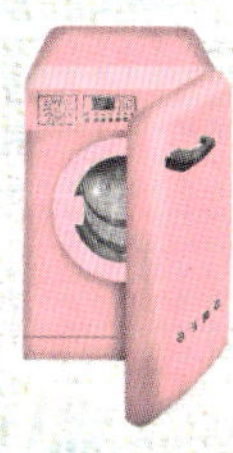

WASCHMASCHINE

Das große Waschen

Im Mittelalter war das Wäschewaschen eine **mühsame Tätigkeit**, die sich über mehrere Tage ziehen konnte. Allein das Einweichen der Teile dauerte 15 Stunden. Dies geschah in Lauge, die die Wäscherinnen warm halten mussten. Erst danach konnte das eigentliche Waschen beginnen, bei dem **der Schmutz mit einem Holzpaddel herausgeklopft wurde**. Es folgten das Auswringen und das Trocknen. Die Frauen freuten sich sicher nicht auf diese Arbeit.

Zeitstrahl →

PRÄHISTORISCHE ZEIT	ALTES ÄGYPTEN	RÖMISCHES REICH	MITTELALTER

Schleudertrommel

1691: Die Frauen waschen ihre Wäsche immer noch am Fluss oder in einem hölzernen Bottich, ohne zu ahnen, dass diese Tätigkeit bald nicht mehr so mühsam sein wird. Einen der ersten Schritte dazu machte der Engländer **John Tyzack**, Erfinder und Konstrukteur der ersten Waschmaschine. Dabei handelte es sich um eine **einfache Trommel, die mit einer Handkurbel gedreht wurde**. Es dauerte jedoch eine Weile, bis die Erfindung von Hausfrauen genutzt werden konnte. Zunächst wurde sie nur in Textilfabriken eingesetzt – zum Waschen von Stoff, der bei der Produktion verschmutzt wurde.

Eine Waschmaschine zur Erleichterung der Arbeit der Frauen blieb ein ferner Traum.

Endlich ein Waschbrett!

Mitte des 18. Jahrhunderts entstand das **Waschbrett** und brachte den Wäscherinnen eine große Erleichterung. Allerdings mussten sich diese immer noch über dem Brett abmühen, und die Arbeit verursachte wunde und schmerzende Hände. Ein Waschbrett konnte aus unterschiedlichen Materialien hergestellt werden, darunter Porzellan, Stein, Glas, Ton, Holz und Metall. Einen Fortschritt brachte eine Art **mechanisches Waschbrett**, bei dem die Wäsche mithilfe der Wäscherin in einer schaukelnden Bewegung gewaschen wurde. Der große Nachteil der Waschbretter war die Reibung beim Waschen, durch die sich die Wäsche schnell abnutzte.

Auch wenn die Wäscherinnen ihr Bestes gaben, konnte ein raues Waschbrett die feinere Wäsche ruinieren.

7. JAHRHUNDERT	18. JAHRHUNDERT	19. JAHRHUNDERT	20. JAHRHUNDERT

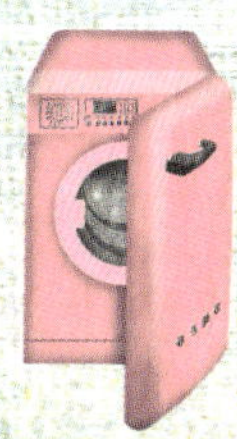

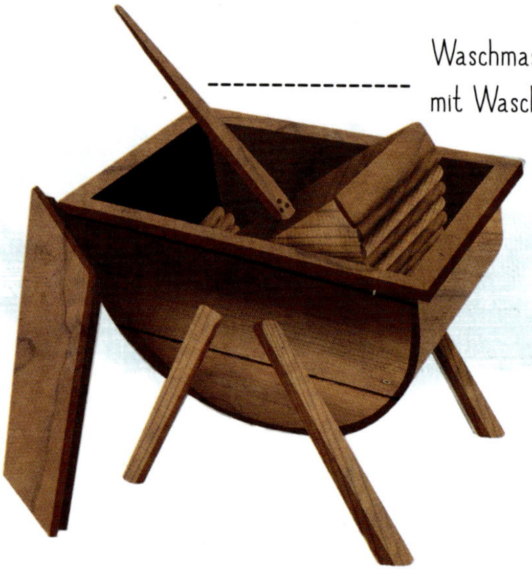

Maschine mit Waschbrett

Kaum zu glauben, aber das Waschbrett war die Inspiration für den nächsten Schritt auf dem Weg zur modernen Art, Wäsche zu waschen. Ein Engländer namens **Stendler** erfand etwas, das den Alltag der Hausfrauen ein wenig erleichterte – eine **hölzerne Waschmaschine mit einem Waschbrett**. Während sich die Wäscherinnen freuten, litt die Wäsche weiterhin – genau wie bei den handbetriebenen Waschbrettern.

Jahrhundert der Erfindungen

Im Jahr 1851 entwickelte **James King** etwas völlig Neues: die **Trommelwaschmaschine**. Um die Trommel in Bewegung zu setzen, musste der Benutzer an der Handkurbel drehen. Nur wenige Jahre später, 1858, erfand **Hamilton Smith** die **Rotationswaschmaschine**. Beide Maschinen waren handbetrieben. Nach dem Waschen blieb der Wäscherin nichts anderes übrig, als die nasse Wäsche auszuladen und auszuwringen, was ebenfalls sehr mühsam war.

19. JAHRHUNDERT

Zeitstrahl →

PRÄHISTORISCHE ZEIT	ALTES ÄGYPTEN	RÖMISCHES REICH	MITTELALTER

Der weltweit erste Hersteller von Waschmaschinen

1874 baute der Amerikaner **William Blackstone** eine **„Hochgeschwindigkeits-Rotationswaschmaschine“**, wobei er vor allem an seine geliebte Frau dachte. Im Lauf der Zeit fand die Maschine ihren Weg in viele amerikanische Haushalte. Obwohl sie fantastisch wusch, hatte sie einen Nachteil: Das Wasser musste in einem separaten Gefäß auf dem Herd erhitzt werden.

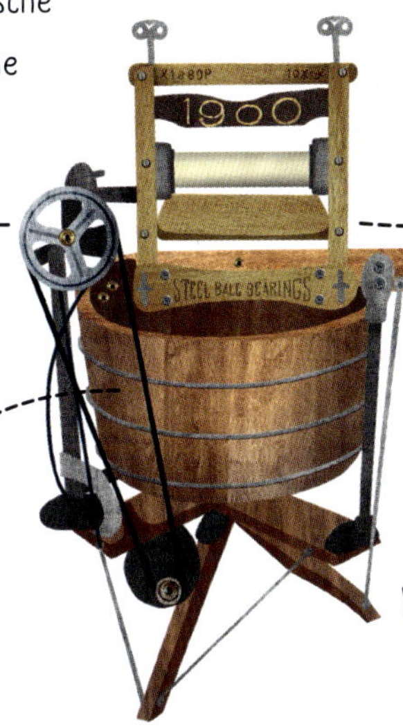

Ein Hoch auf die Elektrizität!

Das 20. Jahrhundert hatte noch kaum angefangen, als 1906 der Amerikaner Alva Fisher die **erste elektrische Waschmaschine** erfand. Hurra! Ende desselben Jahres wurde eine wesentliche Verbesserung vorgenommen: Das **Wasser wurde direkt in der Maschine erhitzt**. Für uns ist das nichts Besonderes mehr, damals war es aber eine Revolution! Die elektrische Waschmaschine war ein Vorläufer der automatischen Waschmaschine, die 1951 das Licht der Welt erblickte.

Waschmaschinen, die trocknen

Sieh nur, wie weit wir uns vom Fluss, dem hölzernen Waschzuber, dem Holzpaddel und dem rauen Waschbrett entfernt haben! Heute kann die **supermoderne Waschmaschine** in unserem Haus die Wassermenge je nach Wäschemenge auswählen, das Wasser auf die **ganz bestimmte Temperatur erhitzen**, die für die jeweiligen Stoffe am besten geeignet ist, und das **Wasser sanft herauswringen**; einige Waschmaschinen funktionieren auch als **Trockner**.

7. JAHRHUNDERT	18. JAHRHUNDERT	19. JAHRHUNDERT	20. JAHRHUNDERT

WASCHZUBEHÖR

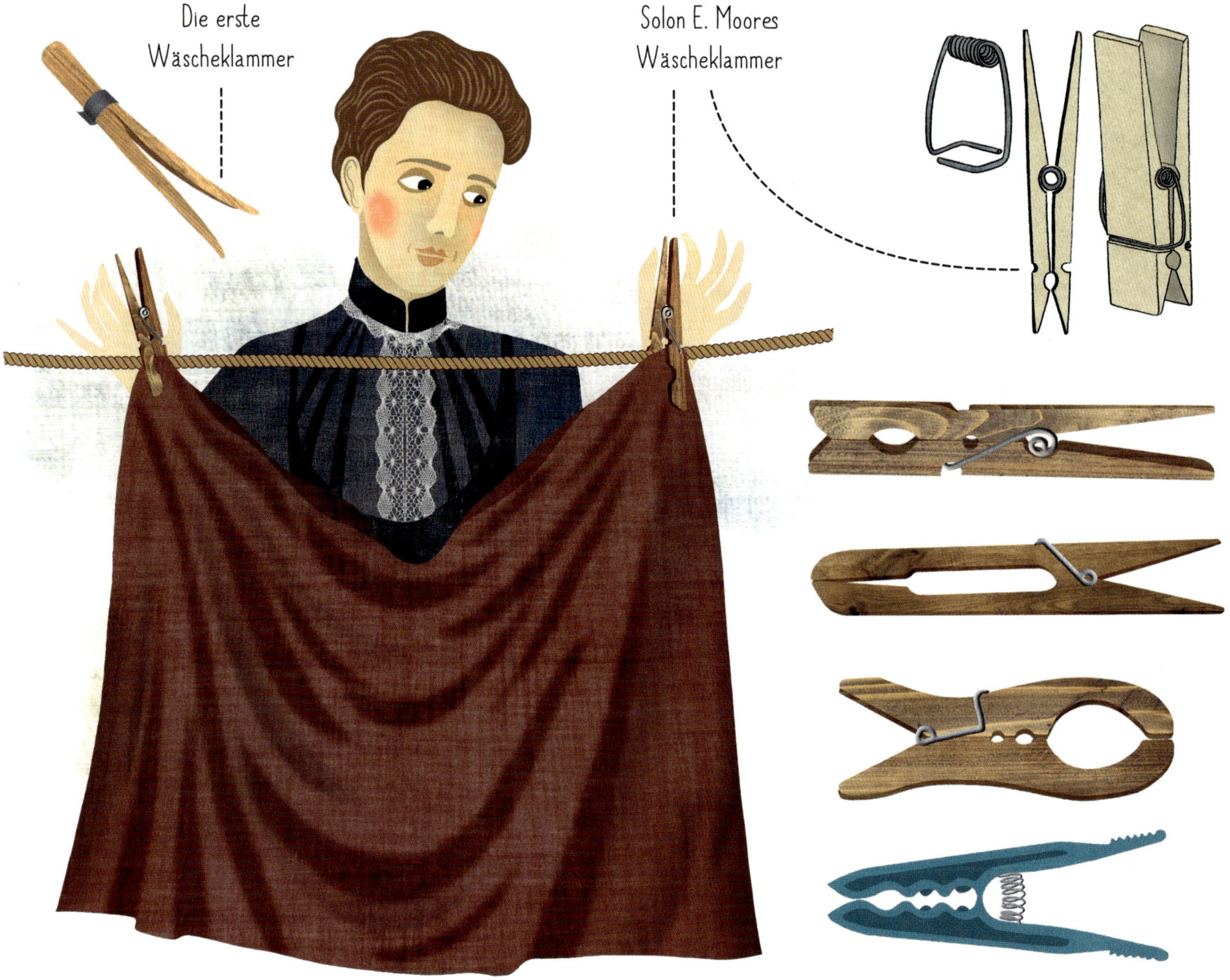

Wäscheklammern

Wenn wir Wäsche aufhängen, befestigen wir sie mit einer Wäscheklammer an der Leine. Ein ganz einfacher Gegenstand, könnte man meinen. Die ersten Wäscheklammern waren – du ahnst es – aus Holz. Sie wurden aus nur einem Stück elastischen Holzes in Form eines „V" oder eines „U" hergestellt. Die Heimat dieser ältesten Wäscheklammern ist England. Ihre Hersteller gehörten der **christlichen Quäkerbewegung** an, zu deren Grundsätzen auch kleine handwerkliche Arbeiten gehörten. Nach einer langen Zeit der Verfolgung verließen die Quäker 1774 England und gingen nach Amerika, wo sie weiterhin ihre Wäscheklammern herstellten.

Solon E. Moore

Bleiben wir bei Amerika und der Wäscheklammer. Nachdem sie die Quäker-Wäscheklammer zu schätzen gelernt hatten, benutzten amerikanische Hausfrauen ab 1832 eine Klammer mit einer Holzschraube. Zwanzig Jahre später erfand **David M. Smith** aus Vermont eine **Wäscheklammer, deren zwei Teile durch eine Feder verbunden** waren – eine Erfindung, die 1887 von **Solon E. Moore** weiterentwickelt wurde. Seine Wäscheklammern hielten die Wäsche auch bei stärkstem Wind auf der Leine und waren zudem leicht in Serie zu produzieren. Dank Mr. Moore entstand die weltweit erste Fabrik zur Herstellung von Wäscheklammern.

Bügelbrett

Mutige **Wikingerfrauen** benutzten wahrscheinlich eines der **ersten Bügelbretter**. Es war eine ziemlich einfache Angelegenheit: Die Wäsche wurde auf ein flaches Stück Knochen gelegt und mit erhitzten Steinen gebügelt. Überhaupt nicht kompliziert und dennoch effektiv. Später bügelten die Frauen auf dem Küchentisch oder auf einem Brett, das auf zwei Stühlen lag. 1858 patentierten **W. Vandenburg** und **J. Harvey** einen Bügeltisch zum **Glätten von Ärmeln und Hemden**.

Der Bügeltisch hatte ein zweites, kleineres Brett für das Glätten von Ärmeln und Hosenbeinen.

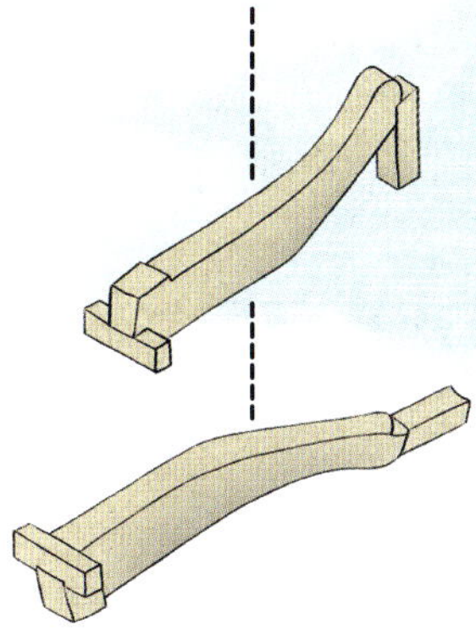

Sarah Boone

Welches Brett ist das beste?

Bald gab es mehrere Arten von Bügelbrettern. 1875 entwickelte der Kanadier John B. Porter das erste **zusammenklappbare, tragbare Brett** mit einem abnehmbaren Teil zum Glätten von Ärmeln und Hosenbeinen. Vier Jahre später erfand der Amerikaner Albert Hogins den **Mehrzweck-Bügeltisch**, der mit einer speziellen Schublade zur Aufbewahrung von Betttüchern ausgestattet war.

Und der Sieger ist … eine Frau!

Den Wettstreit um das beste Bügelbrett entschied **Sarah Boone** für sich. Sie erhielt 1892 ein Patent für ein schmales und leicht gewölbtes Brett, das das Glätten von schwer zu bügelnder Damenoberbekleidung erleichterte. Weil es so schmal war, passte es genau in einen Ärmel oder ein Hosenbein, die dann von beiden Seiten glatt gebügelt werden konnten. Ernennen wir Sarah Boone also zur Goldmedaillengewinnerin.

A

[A] Mittelalterliches, von Wikingern gefertigtes Bügelbrett
[B] Bügelbrett, erfunden von Vandenburg und Harvey
[C] Albert Hogins Mehrzweck-Bügeltisch

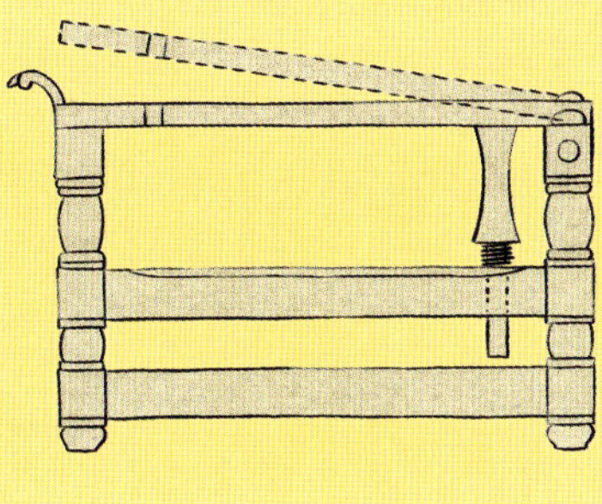

B

C

KÜCHE

Ob groß oder klein, die Küche ist das Herzstück eines Zuhauses. Dort tanzen die Eltern um den Herd und zaubern. Während es in den Töpfen und Pfannen blubbert, nehmen Leckereien und Köstlichkeiten Gestalt an. Nach getaner Abrakadabra-Arbeit ist das Haus oder die Wohnung von köstlichen Gerüchen erfüllt. Dann setzen sich Mama, Papa und ihre Kleinen an den Tisch und lassen es sich schmecken. Während des Essens klappert das Besteck, das Essen verschwindet von den Tellern, und die Küche ist erfüllt von Freude und Geplauder. Man lauscht Alltagsgeschichten, die davon erzählen, was im Leben von Mama, Papa und den Kindern an diesem gewöhnlichen Tag passiert ist.

PRÄHISTORISCHE ZEIT

Prähistorische Art, Feuer zu machen

Kochen in der Vorgeschichte

Welch ein Glück, dass wir dieses Feuer haben, das uns mit ein wenig Sorgfalt und Aufmerksamkeit das ganze Jahr über dienen wird! Das mögen Frauen aus der Vorzeit gesagt haben, als sie prüften, ob der Mammutbraten gar war. Er braucht noch ein bisschen länger, haben sie vielleicht damals gesagt und legten ihn geduldig zurück ins Feuer. Als ihre Männer kurz darauf von der Jagd zurückkamen, war das Essen schon fertig. Die allererste Küche war ein einfacher **Feuerring in einer Höhle**, der sich entweder in der Mitte befand oder in einer Ecke versteckt war.

Feuerstelle – die prähistorische Küche

ANTIKE

Steine um eine Feuerstelle herum sorgen dafür, dass sich das Feuer nicht über die vorgesehene Fläche hinaus ausbreitet.

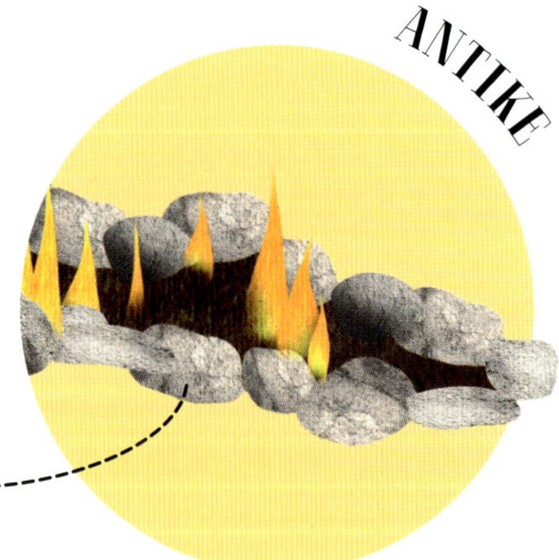

Zeitstrahl →

PRÄHISTORISCHE ZEIT	ANTIKE

Eine antike Rarität

Die Hausfrauen im antiken Griechenland hatten ihre Küche **in der Mitte des Hofes**, wo jeder sie bewundern konnte. Dort wurde nicht nur gekocht, sondern auch gegessen. In der Antike war die Küche auf allen Seiten von den anderen Räumen des Hauses umgeben. Der Grund dafür war rein praktisch. Erstens war sie für alle Bewohner leicht zu erreichen, und zweitens hielt die beim Kochen erzeugte Wärme **alle Räume des Hauses** – vom Hauptschlafzimmer bis zu den Gästezimmern – **angenehm temperiert**. Aber wenn du glaubst, jedes Haus hätte eine Küche gehabt, irrst du dich gewaltig. Nicht jeder konnte sich diesen Luxus leisten. Am Rand der griechischen Städte gab es große Küchen, die von der Allgemeinheit genutzt wurden.

FRÜHES MITTELALTER

SPÄTMITTELALTER

In der Antike wurden öffentliche Küchen außerhalb der Stadtzentren gebaut. Dies hatte einen einfachen Grund: Unsere Vorfahren wollten ihr Umfeld nicht mit dem Rauch der Öfen verpesten. Öffentliche Küchen waren weitgehend auf Sklaven angewiesen, deren Aufgabe es war, die schweren Kupfergerätschaften zu bewegen.

Schwarze Küchen

Wie rauchig es in der Küche ist! Rate mal, in welcher Epoche wir uns befinden? Richtig, wir sind im frühen Mittelalter. Die Küche hat eine **offene Feuerstelle und ein Loch in der Decke**. Das erklärt die rauchgeschwärzten Wände und warum man sie als **schwarze Küche** bezeichnen könnte. In den damaligen Herrenhäusern wurde dieser schmutzige Raum außer Sichtweite gehalten. In den Wohnungen der einfachen Leute, die in nur einem Raum zusammengedrängt lebten, lag die kleine Küche zwischen Feuerstelle und Tür.

Zeitstrahl →

PRÄHISTORISCHE ZEIT	ANTIKE

Ein Schornstein im Haus machte die Sache für den Koch viel angenehmer, da er die Küche sauber und gemütlich hielt. Etwa im 19. Jahrhundert kam ein Herd hinzu, später auch ein Kühlschrank, ein Wasseranschluss und ein Abflussrohr. Ab Mitte des 20. Jahrhunderts wurden die Küchen rasch immer moderner. Die Küchen von heute haben nur noch wenig mit den Räumen der offenen Kamine und rauchgeschwärzten Wände von früher gemein!

Ein Hoch auf den Schornstein!

Im Spätmittelalter bauten die Menschen einen **Schornstein** in ihr Dach ein. So konnten sie ihr Feuer in einem **Ofen** oder einer **Feuerstelle** in der Ecke des Raums brennen lassen. Die Küche einer adeligen Familie war ein repräsentativer Raum mit einem separaten Esszimmer. Aber was war mit den einfachen, armen Leuten? Nun, die Bedürftigsten unter ihnen sollten noch jahrhundertelang über einer offenen Feuerstelle in einem „schwarzen" Küchenraum kochen, für sie war ein Schornstein ein unerreichbarer Traum.

FRÜHES MITTELALTER	SPÄTMITTELALTER

HERD UND BACKOFEN

Der prähistorische Herd war im Grunde eine **Feuerstelle**. Sie befand sich entweder in einer leichten Vertiefung im Boden oder in einem Ring aus Steinen. Ursprünglich sollte diese Feuerstelle im Herzen der Höhle nur Wärme spenden. Um 100 v. Chr. wurde sie erstmals zum Erwärmen von Speisen genutzt. Schon bald entwickelten die Menschen immer raffiniertere Verwendungsmöglichkeiten für das Feuer. So legten sie zum Beispiel in **grüne Blätter** eingewickelte Fleischscheiben in die **Senke der Feuerstelle** auf eine Schicht heißer Steine – das Resultat war köstlich.

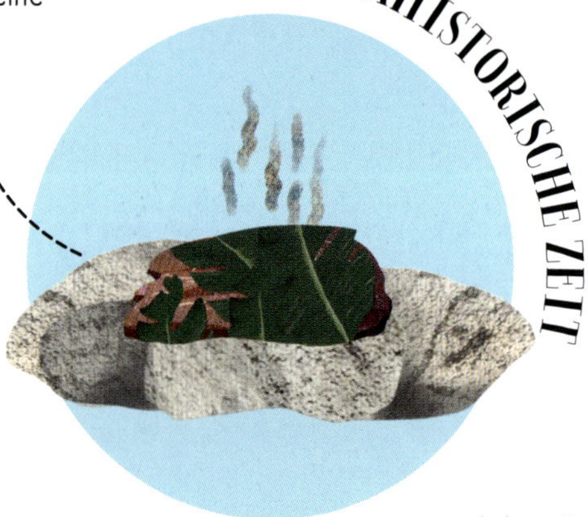

Feuer im Herzen des Hauses

Der ursprüngliche Herd – wenn man ihn so nennen möchte – blieb lang nur eine Anordnung von Steinen um eine **Feuerstelle**. Er hatte seinen festen Platz in der Mitte der Behausung. Die Kochtöpfe wurden auf Steine gestellt. Der Koch hatte alles, was er brauchte, in unmittelbarer Nähe. Ein solcher Herd mag auf den ersten Blick primitiv erscheinen, aber er diente zum Kochen, Braten und Räuchern von Speisen. Was will ein Koch mehr?

Zeitstrahl →

PRÄHISTORISCHE ZEIT	ANTIKES GRIECHENLAND	RÖMISCHES REICH	MITTELALTER

Tragbarer Ofen

Backen in der Antike

Die Entwicklung der Menschheit ging sprunghaft voran, und der Fortschritt spiegelte sich auch in den Küchengeräten wider. Sieh dir nur das antike Griechenland an, wo Frauen die Mahlzeiten in **Ipnos** genannten **Lehmöfen** zubereiteten, die mit Holz beheizt wurden. Der **tragbare Ofen** war eine weitere Innovation aus dem antiken Griechenland (aus dem 17. Jahrhundert v. Chr.).

Inspiriert von den Griechen

Die Römer ließen sich bei der Ausstattung ihrer Küchen von den Griechen inspirieren. Einige der massiven Öfen, die sie aus Stein, Ziegel und Keramik errichteten, sind bis heute erhalten geblieben.

Die Ruinen einer Bäckerei in der römischen Stadt Pompeji

-16. JAHRHUNDERT	18. JAHRHUNDERT	19. JAHRHUNDERT	HEUTE

MITTELALTER

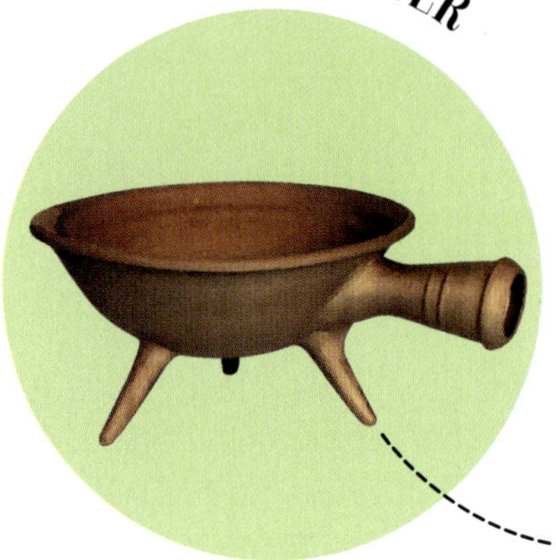

Oben auf dem russischen Ofen

Im 15. und 16. Jahrhundert wurde der sogenannte „russische Ofen" in den Haushalten populär. In ihm wurde nicht nur **gekocht**, er **heizte auch den ganzen Raum**; und wer wollte, konnte darauf **schlafen**. Es gibt nichts Schöneres, als es nachts schön warm zu haben.

Der gute alte Kessel

Im Mittelalter wurde alles über einem **offenen Küchenfeuer** gekocht. Töpfe mit Deckeln wurden auf einen Dreifuß in der Feuerstelle gestellt. Wenn es keinen Dreifuß gab, wurde stattdessen ein **Kessel** mit Füßen verwendet. Oder man hängte die Töpfe über das Feuer und konnte alles endlos köcheln lassen. Bei schönem Wetter verlegte man die Tätigkeiten gern an die Feuerstelle im Freien. Man kann sich vorstellen, dass im Freien bei Vogelgezwitscher zubereitete Speisen hundertmal besser schmeckten. Im Mittelalter wurde ein Ofen nur zum Brotbacken benutzt.

Zeitstrahl →

PRÄHISTORISCHE ZEIT	ANTIKES GRIECHENLAND	RÖMISCHES REICH	MITTELALTER

Der verbesserte Rumford-Herd mit einer einzigen Feuerquelle in der Mitte

Erfinder des 18. Jahrhunderts

Herde und Öfen blieben lange Zeit weitgehend so, wie sie waren. Im 18. Jahrhundert jedoch erfand ein gewisser Graf Rumford den Küchenherd und auch die Kartoffelsuppe! Rumford, der mit bürgerlichem Namen **Benjamin Thompson** hieß, verbesserte den gusseisernen Herd so weit, dass eine einzige Feuerquelle **mehrere Töpfe gleichzeitig erhitzen** und zugleich noch den **Raum warm halten** konnte. Der Koch konnte die Temperatur unter jedem Topf und jeder Pfanne nach Belieben regulieren. Rumfords Erfindung hatte jedoch einen Nachteil: Sie benötigte so viel Platz, dass nur Menschen mit einer großen Küche sie installieren konnten.

-16. JAHRHUNDERT	18. JAHRHUNDERT	19. JAHRHUNDERT	HEUTE

Das Jahrhundert des Dampfes

William Flavel wurde von Graf Rumfords Erfindung sicherlich sehr inspiriert. 1830 brachte Flavel den hochmodernen **Kitchener-Herd** auf den Markt. Er war aus Gusseisen gefertigt und wurde mit Festbrennstoff betrieben. Wie Rumfords Herd konnte auch der Kitchener kochen, backen, braten und heizen – alles gleichzeitig. Der Herd von Flavel nahm jedoch weniger Platz ein als der von Rumford und ermöglichte es auch den Besitzern kleinerer Küchen, fröhlich im Raum herumzutanzen, während sie arbeiteten.

Ein Hoch auf das Erdgas!

Den Namen **James Sharp** sollte man sich merken. Sharp war ein Fabrikbesitzer, der seine Frau sehr liebte – so sehr, dass er ihr zu Ehren einen Gasherd erfand. Er wollte, dass sie sich nicht länger darüber beklagen musste, wie die Steinkohle ihre Hände verschmutze, und nahm die Sache sozusagen selbst in die Hand. Von 1825 an kochte Mrs. Sharp glücklich mithilfe der Erfindung ihres Mannes und ihre Hände blieben nun weiß wie Schnee. Doch viele ihrer Zeitgenossen waren weniger beeindruckt. Nicht nur, dass Gas eine Explosionsgefahr darstellte, es war für damalige Verhältnisse auch furchtbar teuer.

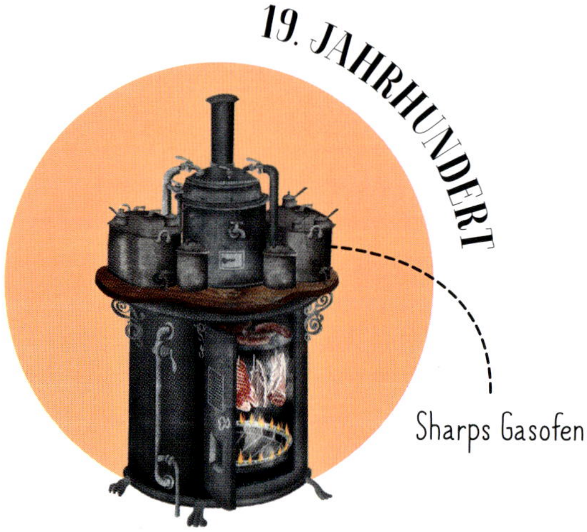

Zeitstrahl →

PRÄHISTORISCHE ZEIT	ANTIKES GRIECHENLAND	RÖMISCHES REICH	MITTELALTER

Gezähmte Blitze

Als der Kanadier Thomas Ahearn 1883 der Welt seinen neuen Elektroherd vorstellte, schrieben aufgeregte Journalisten, das Abendessen werde nun durch einen gezähmten Blitz zubereitet. Nur einige Jahre später, und zwar 1908, wurde dieses Gerät von Emil Rathenau ein wenig überarbeitet und hielt bald darauf Einzug in die meisten fortschrittlichen Haushalte.

Eine moderne Küche

In unserem hochmodernen Zeitalter trumpfen glänzende Herde mit ihrer Perfektion auf. Wer Gas bevorzugt, kann sich an einem **reinen Gasherd** erfreuen. Fans der Elektrizität können einen **reinen Elektroherd** nehmen. Und wer sich nicht entscheiden kann, wählt vielleicht einen **Kombiherd** mit Gaskochfeldern und einem Elektrobackofen. Was wohl die Hausfrauen der Antike und des Mittelalters über diese Auswahl gedacht hätten …

-16. JAHRHUNDERT	18. JAHRHUNDERT	19. JAHRHUNDERT	HEUTE

KÜHLSCHRANK

Wir bewahren Joghurt, Käse, Milch, Saft, Eier, Eiscreme und andere leckere Dinge zum Essen und Trinken, die kühl gehalten werden müssen, in einem gut sortierten Kühlschrank auf. Der Kühlschrank ist eine Art Zauberkasten, der heute in keiner Küche mehr fehlen darf. Wie sonst könnten wir unsere Lebensmittel frisch halten? Wie könnten wir sie vor dem Verderben bewahren? Der Kühlschrank ist eine großartige Erfindung, ohne die wir nicht mehr auskommen können. Aber: Wie haben die Menschen in grauer Vorzeit ihre Lebensmittel gekühlt?

PRÄHISTORISCHE ZEIT

Fleisch und Obst wurden in kalten Höhlen gelagert.

Wohin mit dem Fleisch?

Unsere frühesten Vorfahren mussten für ihre Nahrung hart arbeiten. Sie **jagten, gruben** Wurzeln aus, **sammelten** wilde Früchte und kauten Nüsse. Sie hatten aber nicht immer Glück: Zeiten des Überflusses wechselten sich mit Zeiten des Hungers ab. Sie lernten, damit umzugehen, indem sie **nach dem Vorbild** ihrer tierischen Freunde Vorräte für den Winter anlegten. Eingelagerte Nüsse sind lange haltbar. Aber was ist mit Fleisch? Dies war ein immer wiederkehrendes Problem der prähistorischen Menschen, das sie vielleicht durch Zufall gelöst haben. Ganz hinten in der Höhle gelagert, **wo es am kältesten war**, hielt sich ein Mammutsteak länger als in der Nähe des Feuers.

Gekühlte Vorräte waren wichtig in Zeiten, in denen Lebensmittel knapp waren.

ANTIKES PERSIEN

Zeitstrahl →

PRÄHISTORISCHE ZEIT	ANTIKES PERSIEN	CHINESISCHES ALTERTUM	MITTELALTER

Antike Kühlgruben

In der Antike wussten die Menschen schon mehr über die Kühlung von Lebensmitteln. Im antiken Persien baute man die ersten Kühlhäuser, **spezielle in den Boden gegrabene Kammern**, die die Perser mit zu diesem Zweck angelieferten Eis und Schnee füllten. Je länger diese gefroren blieben, desto länger blieben die mit ihnen verpackten Lebensmittel haltbar. Du kannst dir sicher vorstellen, welche Vorteile das mitten in der Wüste im sengenden persischen Sommer hatte. Das angewandte Kühlsystem war denkbar einfach. Kanäle in diesen antiken Kühlschränken **enthielten Wasser aus aufgetautem Schnee und Eis**, das verdunstete. So wurde der **Inhalt des Kühlschranks kühl gehalten**.

Die Kühlräume mussten regelmäßig mit Eis aus den Bergen versorgt werden.

Auch im antiken Griechenland und im Römischen Reich erkannte man schnell die Vorteile der Kühlung von Lebensmitteln. Die Menschen bewahrten importiertes Eis in Kisten auf, die sie in Gruben lagerten, welche zur Isolierung mit Holz und Stroh ausgekleidet waren. Derart geschützt taute das Eis nur sehr langsam auf.

Eisbehälter und Brunnen

Auch die Chinesen nutzten einst Eis, um ihre Speisen zu kühlen. Sie bewahrten es in Behältern auf, die zunächst aus **Keramik** und später aus **Kupfer** waren. Und woher kam im alten China das Eis? Nun, jedes Jahr im Dezember machte sich eine spezielle Einheit von achtzig Soldaten auf den Weg in verschneite Gebiete, wo die Soldaten so viel Eis hackten und sammelten, wie sie tragen konnten. Im Gegensatz zu den reichen Herrschern konnten sich die ärmeren Leute keinen ordentlichen „Kühlschrank" leisten. Sie kühlten ihre Vorräte in Körben, die an Seilen in **Brunnen** herabgelassen wurden.

8. JAHRHUNDERT	19. JAHRHUNDERT	20. JAHRHUNDERT	HEUTE

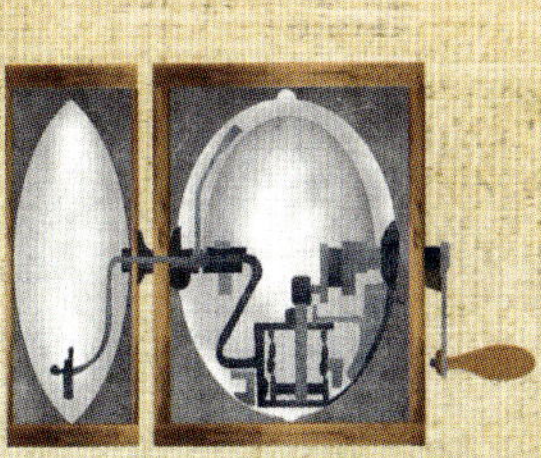

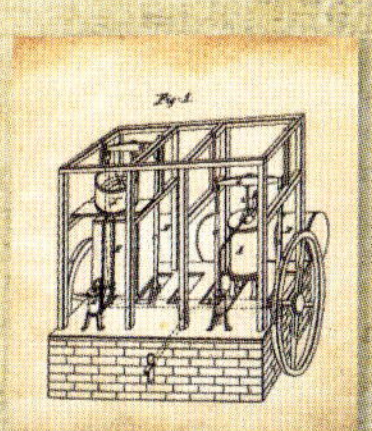

Der Vorteil des Kellers

Im Mittelalter wurden die Lebensmittel **in weitläufigen Kellern und großen unterirdischen Räumen** kühl gehalten. Die Vorräte wurden in Eis und Schnee verpackt, die in den Wintermonaten gesammelt wurden, um sie im Frühjahr und Sommer zu verwenden.

Spezielle Räume, die das ganze Jahr über mit Eis ausgestattet waren, waren nicht mehr so beliebt wie in der Antike – nicht zuletzt, weil ihr Unterhalt teuer war; nur Reiche konnten eine Karawane von Kaufleuten bezahlen, die weite Strecken für das kostbare und knappe Gut Eis zurücklegte. Tief im Boden liegende Keller waren eine einfachere und weitaus preiswertere Lösung.

Zeitstrahl ⟶

PRÄHISTORISCHE ZEIT	ANTIKES PERSIEN	CHINESISCHES ALTERTUM	MITTELALTER

Doch was taten Menschen, die nicht reich waren, wenn sie Milch und Fleisch für den späteren Gebrauch frisch halten wollten? Manche bauten einen speziellen Holzschuppen in der Nähe einer Quelle und lagerten die Lebensmittel in dem kalten Wasser, damit sie länger frisch blieben und nicht verdarben.

Eisgruben

Es genügte, eine schattige Stelle am Flussufer zu finden, dort eine Grube auszuheben und sie mit Sägemehl und Eis auszukleiden. Fleisch und andere verderbliche Lebensmittel ließen sich dort sehr gut lagern. In einer Burg diente der riesige Keller als Eishaus. Die wohlhabenden Bürger dieser Zeit verfügten über luxuriöse Gefrierschränke, spezielle Kisten, die von Händlern, den „Eismännern“, mit Eis gefüllt wurden.

MITTELALTER

Eisvorräte für die Lagerung von Lebensmitteln

8. JAHRHUNDERT	19. JAHRHUNDERT	20. JAHRHUNDERT	HEUTE

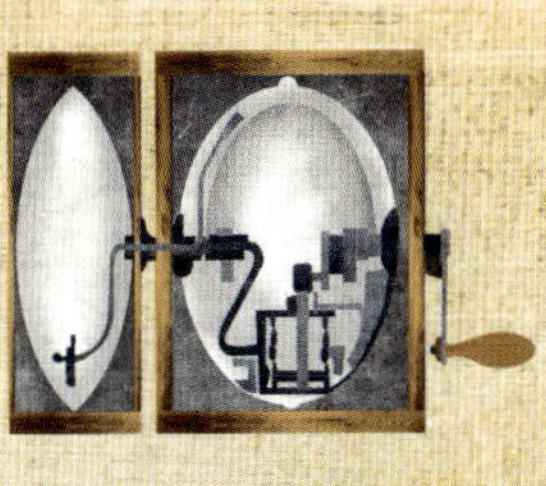
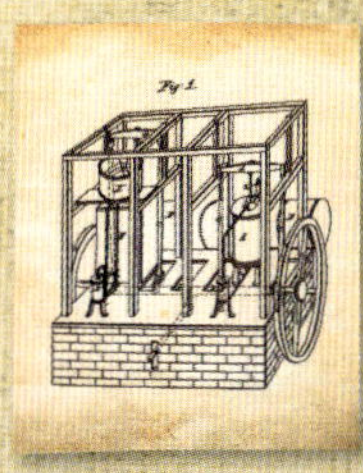
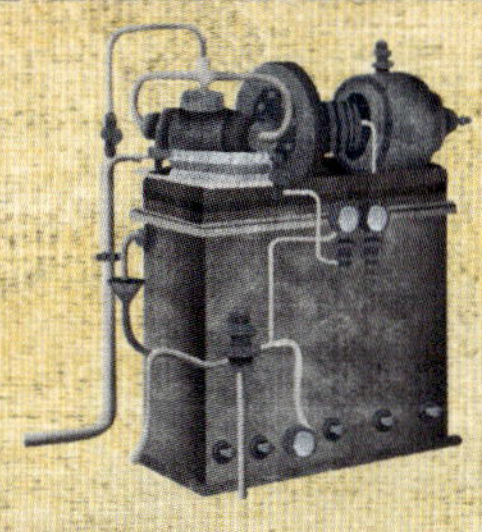

Erstes künstliches Einfrieren

Im frühen 18. Jahrhundert wollte der schottische Arzt und Chemiker **William Cullen**, ein weitgereister Mann der Aufklärung, herausfinden, wie man Lebensmittel einfrieren kann, ohne teures Eis aus den Bergen importieren zu müssen. Schließlich erfand er ein spezielles Gerät, das durch Drehen einer Kurbel so **gekühlt** wurde, dass sich **Kristalle** aus künstlichem **Eis** bildeten. Der einfache Kühlschrank bestand aus einer Pumpe, die Diethylether, eine farblose, brennbare Flüssigkeit mit einem niedrigen Siedepunkt, komprimierte.

Der erste Kühlschrank

„Wie nützlich wäre ein richtiger Kühlschrank!", sagte sich der Amerikaner **Oliver Evans** 1805. Und er machte sich daran, den allerersten Kühlschrank der Welt zu entwerfen. Leider erblickte Evans Kühlschrank nie das Licht der Welt. Erst fünfzig Jahre später stellte **James Harrison** den ersten Kühlschrank her. Die unglaubliche Eismaschine konnte fast **drei Tonnen Eis am Tag** produzieren! Sie hatte jedoch einen riesigen Nachteil: Sie war so groß und sperrig, dass an eine Unterbringung in einer Küche nicht zu denken war. Sie konnte nur in einer Fabrikhalle aufgestellt werden.

Zeitstrahl →

PRÄHISTORISCHE ZEIT	ANTIKES PERSIEN	CHINESISCHES ALTERTUM	MITTELALTER

19. JAHRHUNDERT

Die Erfindungen des Schotten James Harrison endeten nicht mit dem Kühlschrank – weit gefehlt. Ein weiterer Traum, den er verwirklichte, war der Einbau eines Kühlraums für die Lagerung von Fleisch auf einem Schiff. Diese Idee funktionierte aber leider nicht: Das Eis schmolz auf der Reise und alle Fleischvorräte verdarben. In ihrer Anfangszeit hatten es der Kühlschrank und die Tiefkühlung nicht immer leicht.

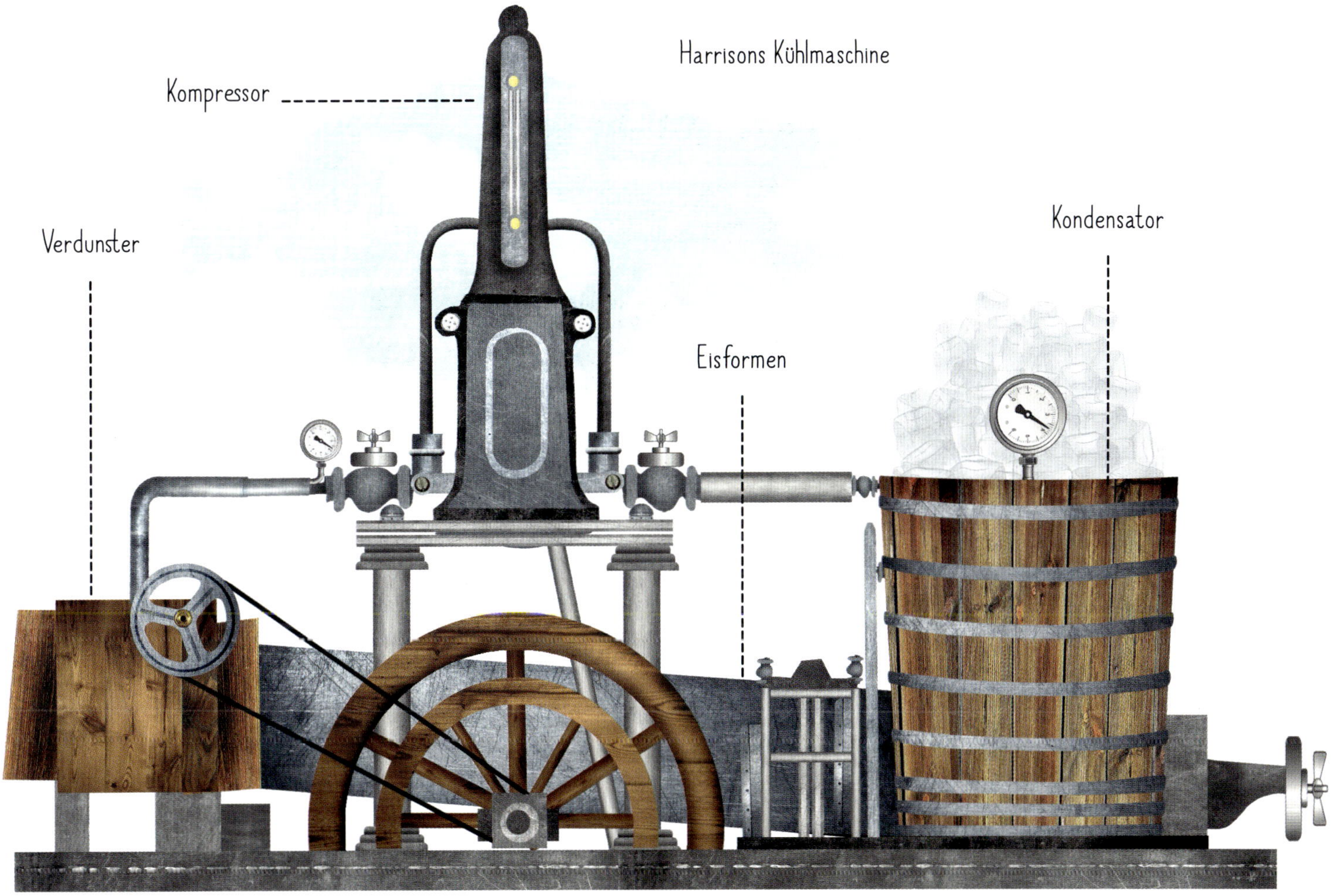

8. JAHRHUNDERT	19. JAHRHUNDERT	20. JAHRHUNDERT	HEUTE

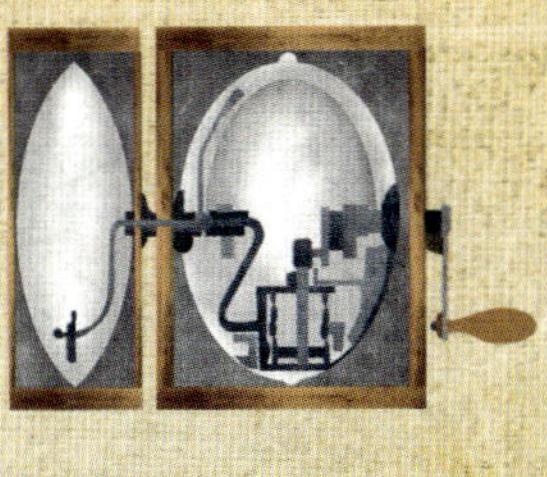

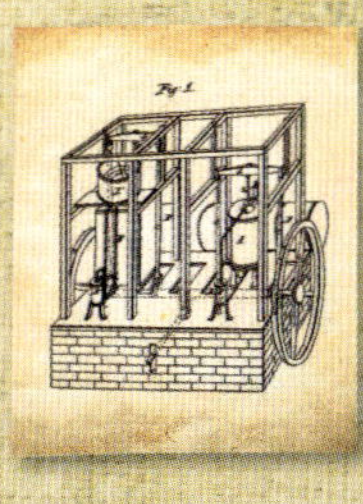

Harrison war aber nicht der einzige Meister der Kältetechnik. In den 1870er-Jahren entwickelte der deutsche Ingenieur und Wissenschaftler Carl von Linde ein Kühlgerät, das auf der Verwendung von komprimiertem Ammoniak basierte. Viele halten ihn daher für den eigentlichen Erfinder des Kühlsystems.

Der große Durchbruch

Das 20. Jahrhundert hatte kaum begonnen, als endlich der **Kühlschrank** Einzug hielt. Ab 1911 nahmen die Reichsten der Reichen diese Innovation mit nach Hause und stellten sie in der Küche auf, wo sie beim Kühlen und Gefrieren prächtig aussah. Das Problem war nur, dass der **Schwefeldioxid-Kompressor**, der den Schrank kühlte, unerträglich laut war. Um die Störung zu verringern, wurde er in den Keller verbannt.

Zeitstrahl ⟶

PRÄHISTORISCHE ZEIT	ANTIKES PERSIEN	CHINESISCHES ALTERTUM	MITTELALTER

Amerika gegen Europa

Obwohl **Frigidaire-Kühlschränke** seit den 1930er-Jahren ein fester Bestandteil amerikanischer Haushalte waren, musste der europäische Kühlschrankboom noch einige Jahrzehnte warten. Erst ab den **1970er-Jahren** gehörte der Kühlschrank zum gängigen Inventar in den europäischen Küchen. Bis dahin waren die Menschen auf das Eis vom Eismann angewiesen, genau wie ihre Vorfahren.

Frigidaire

Moderner Kühlschrank

Intelligenter Kühlschrank

Fortschritt im 21. Jahrhundert

So oder so ähnlich sehen die **hochmodernen Kühlschränke** von heute aus. Was würden Menschen in der Vorgeschichte, im Mittelalter und im Dampfzeitalter davon halten? Vermutlich wären sie sprachlos. Dieser Kühlschrank verfügt über einen Touchscreen, der deine Lebensmittel für dich einkauft. Er unterhält dich sogar, während du kochst, denn er hat einen eingebauten Videoplayer. Allerdings ist er weniger romantisch als Eisblöcke, Kellerräume und kühlende Flüsse, da stimmst du sicher zu …

8. JAHRHUNDERT	19. JAHRHUNDERT	20. JAHRHUNDERT	HEUTE
	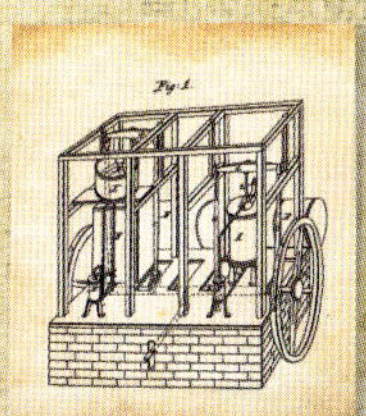	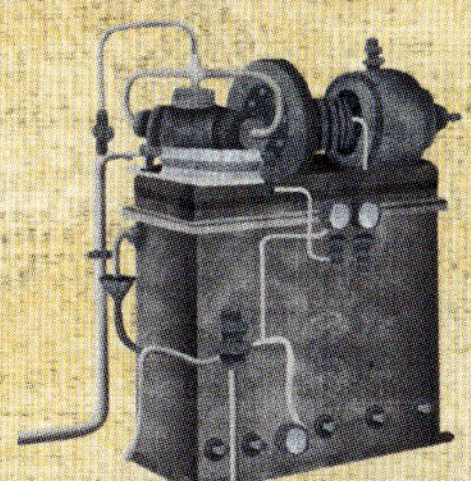	

BESTECK

Welcher Verrückte hat beschlossen, dass es eine gute Idee wäre, Essen noch komplizierter zu machen? Ist es nicht lustiger, die Nudeln mit den Fingern durch die Schüssel zu jagen? Zudem gibt es immer noch einige Kulturen, die mit den Händen essen und nicht verstehen, warum wir Europäer darauf bestehen, uns das Leben zu erschweren. Andererseits … Woher kommen eigentlich Gabeln und Messer? Welche Geschichte verbirgt sich hinter dem Besteck?

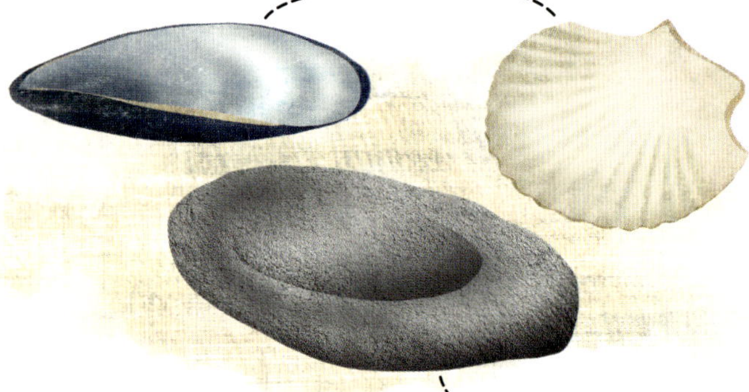

Der Löffel ist der Gewinner

Denn es war der Löffel, der allen anderen Besteckteilen vorausging. Zunächst sah er noch gar nicht wie ein richtiger Löffel aus. Die Menschen schöpften Wasser mit **Muscheln** und mithilfe der Vertiefungen von **Steinen** oder **Knochen**. Kurz gesagt, man benutzte alles, was zumindest etwas von der köstlichen Flüssigkeit aufnehmen konnte. Das war nicht sonderlich praktisch, und es fehlte ein Griff, damit man auch sehr heiße Mahlzeiten auflöffeln konnte. Nur im alten Ägypten gab es Löffel mit Griffen, die aber eher für Rituale als zum Essen verwendet wurden.

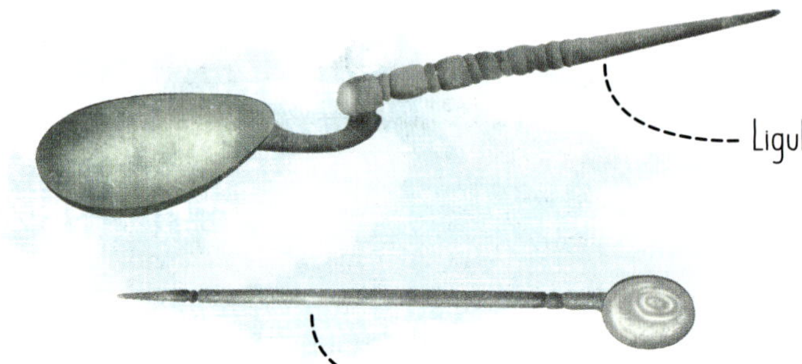

Einer ist nicht genug

Im Römischen Reich gab man sich nicht mit einer einzigen Art von Löffel zufrieden. Warum nicht gleich zwei? Der eine, **Ligula** genannt, hatte die Form einer Birne und eignete sich hervorragend zum Schöpfen von Suppen oder dünnen Breien. Der andere – **Cochleare** – war kleiner und die Römer aßen damit Eier oder Muscheln.

Ein chinesisches Gadget

Im alten China benutzte man den Löffel ganz selbstverständlich zum Essen. Und er war ein großartiges Werkzeug! Das liegt daran, dass die chinesischen Erfinder ihn spitz gemacht haben. Warum, fragst du? Die scharfe Spitze war sehr nützlich, wenn man härtere Speisen aufnehmen wollte.

Holz oder Gold?

Mittelalterliche Löffel wurden aus **Holz**, **Messing**, **Zinn**, **Horn** oder sogar aus **Silber** und **Gold** hergestellt. Ein Blick auf das Material genügte, um sofort zu wissen, wer was benutzte. Die Armen hatten Glück, wenn sie mit Holz-, Messing-, Zinn- oder Hornlöffeln essen konnten, während sich die Adeligen mithilfe von silbernen Löffeln vollstopften. Die Könige hingegen wären nicht glücklich gewesen, hätten sie mit etwas essen müssen, das nicht aus purem Gold war.

Das Messer auf Platz zwei

Schon in prähistorischer Zeit stellten die Menschen die ersten **Steinmesser** her – na ja, eher **scharfe Bruchstücke von Feuersteinen, Knochen** oder **Obsidianklingen**. Zuerst kam man ohne einen Griff aus, fügte dann aber doch einen hinzu – er machte das Schneiden viel einfacher. Was musste denn so dringend zerkleinert werden? Ein großer Brocken Fleisch natürlich!

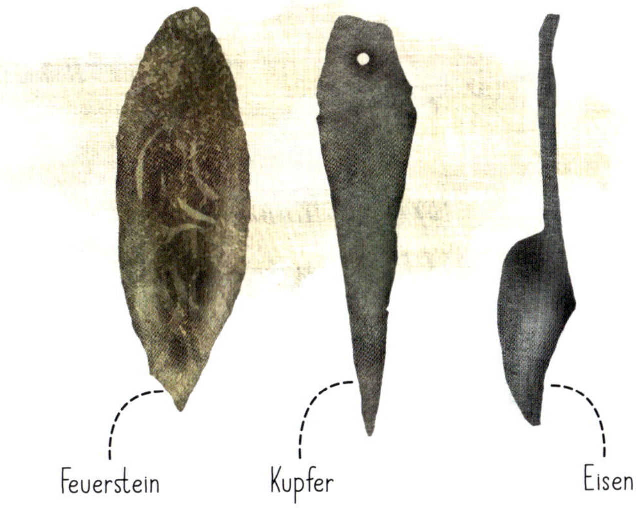

Ohne Messer kein Leben

Im Mittelalter wurden kleine Messer bevorzugt, die man am Gürtel trug. Man setzte sich an den Tisch, nahm das Messer heraus und begann zu essen. Passt auf, Leute! Schneidet euch nicht! Und weil sich die Schmausenden manchmal schnitten, verbot Ludwig XIV., ein französischer Herrscher des 17. Jahrhunderts, scharfe Messer beim Essen. Da das Essen aber trotzdem irgendwie geschnitten werden musste, fand sich eine einfache Lösung: **Die Spitze wurde rund gemacht**.

Hurra, die Gabel!

Scharfe Spitzen hatten aber auch etwas für sich. Sie dienten demselben Zweck wie der scharfe Griff der chinesischen Gabel – zum Aufspießen aller denkbaren Leckereien. Wie gut, dass die Menschen die Gabel erfunden haben. Dies ist keine Kralle, sondern eine ganz normale Gabel. Na ja, eine Gabel aus dem alten Ägypten eben. Sie war ein großartiges Werkzeug für jeden Koch, der Fleisch aus heißem Wasser herausfischen musste.

Vom Nahen Osten nach Südeuropa

Auch die alten Griechen und Römer schätzten die Vorzüge der Gabel – in diesem Fall ein **großes, zweispitziges Exemplar**. Diese Gabel eignete sich hervorragend, um Speisen in Schüsseln zu füllen. Doch wann und wo tauchten die ersten Gabeln zum Essen auf? Im 4. Jahrhundert im Byzantinischen Reich. Von dort aus gelangte die Gabel zu Beginn des 10. Jahrhunderts in den Nahen Osten. Die zweispitzige Gabel feierte überall Erfolge. Als der römische Kaiser sie Ende des 10. Jahrhunderts selbst ausprobierte, war er ziemlich beeindruckt. Und so setzte sie sich in Italien durch.

KÜCHENZUBEHÖR

Am Anfang war die Dose

Bevor man einen Dosenöffner brauchte, musste natürlich zuerst die Dose selbst erfunden werden: Ende des 18. Jahrhunderts war Krieg in Europa. Der französische Feldherr Napoleon versuchte herauszufinden, wie er sein Heer mit guten, frischen Lebensmitteln versorgen konnte. Es dauerte fünfzehn Jahre, bis die Antwort auf diese Frage gefunden war. Sie stammte von einem Pariser Konditor namens Nicolas Appert, der ein gekochtes Mittagessen in ein Glasgefäß gab und es mit einem Korken verschloss. England, der Feind Frankreichs, reagierte schnell auf die „kulinarische" Herausforderung. Noch im selben Jahr ersetzte man in der Werkstatt von **Peter Durand** das Glas durch die ersten Blechdosen.

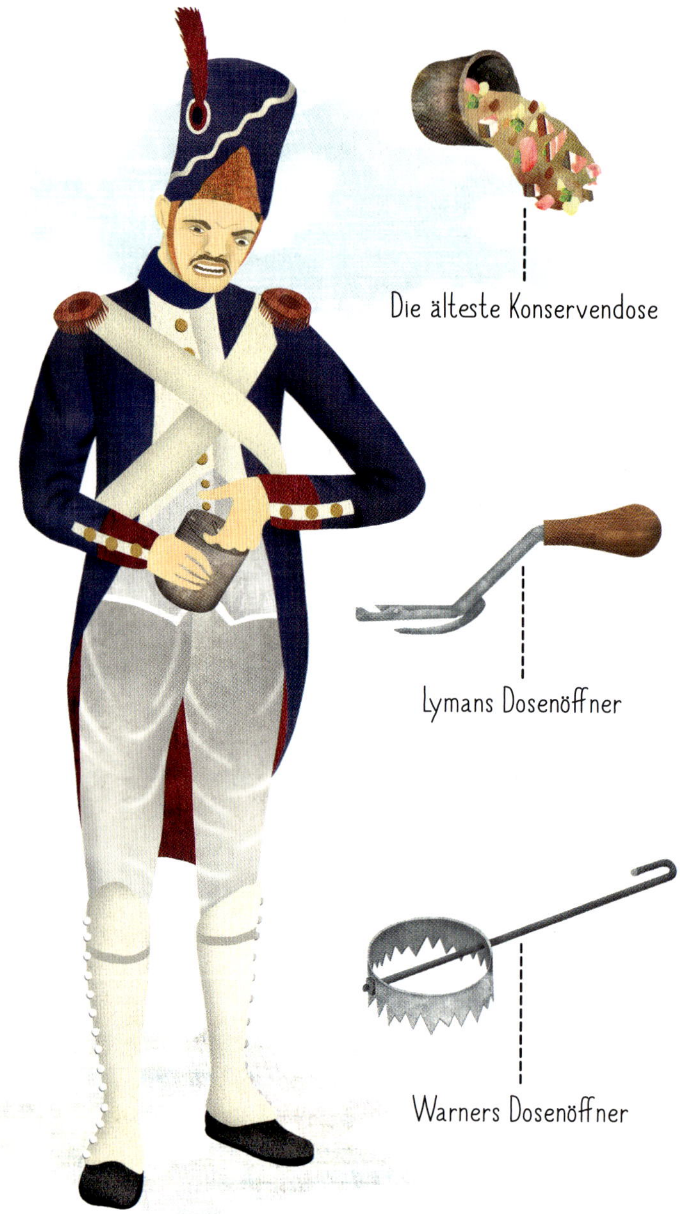

Zurück zum Öffner

Nun hatten wir also die Dosen. Aber es blieb die Frage, wie man sie öffnen sollte. Hungrige Soldaten griffen sie mit Messern, Steinen oder Bajonetten an und – wenn nichts anderes half – schossen den Deckel ab. Wenn der Magen knurrt, hat man keine Zeit für Rücksicht. 1858 erfand der Amerikaner **Ezra Warner** den ersten wirklich praktischen Dosenöffner. Das Werkzeug, dessen Spitze eine runde Klinge hatte, erledigte die Aufgabe mit einem Plopp. Doch es gab ein Problem: Es konnte furchtbar schmerzhaft für die Finger sein. 1870 erblickte ein etwas sicherer Dosenöffner das Licht der Welt. Er wurde von **William Lyman** erfunden und ersetzte die scharfe Klinge durch ein kleines Rad.

Der Schnellkochtopf ist ein dickwandiger Behälter, der bei einem Druck kocht, der höher als der Luftdruck ist. Durch diesen hohen Druck werden im Inneren des Behälters Temperaturen von bis zu 130 °C erreicht, sodass die Lebensmittel schneller gegart oder gedünstet werden können. In einem Schnellkochtopf zubereitete Speisen haben einen intensiveren Geschmack.

Ein Schnellkochtopf und ein begeisterter Erfinder

Heute gibt es in den meisten Haushalten einen Schnellkochtopf, ein kleines Ding, das blitzschnell kocht und dessen hoher Druck Wunder wirkt … Aber wusstest du, dass der allererste Schnellkochtopf als Dampfmaschine konstruiert wurde, um einen der Brunnen von Ludwig XIV. mit frischem Wasser zu versorgen? Dies hat sich der Erfinder **Denis Papin** im 17. Jahrhundert ausgedacht. Während er daran arbeitete, erfand er auch die Art von Drucktopf mit Sicherheitsventil, der heute aus kaum einer Küche mehr wegzudenken ist. Papin erkannte, dass die Speisen im Topf umso schneller gegart werden, je höher der Druck darin ist. Und sie verlieren dabei weder ihren Geschmack noch ihre Nährstoffe. Wenn man bedenkt, dass das alles als Auftragsarbeit für König Ludwig XIV. begann!

Elektrischer Wasserkocher

Du brauchst jetzt sofort eine Tasse heißen Tee? Wie gut, dass es einen elektrischen Wasserkocher gibt, der das Wasser für den Tee schnell zum Kochen bringt. Kannst du dir vorstellen, dass die ersten **Versuche, Wasser im Handumdrehen zu kochen**, in der Antike in Mesopotamien stattfanden? Dort fanden Archäologen ein kesselähnliches Gefäß aus der Zeit zwischen 3500 und 2000 v. Chr. Von hier springen wir ins England des 17. Jahrhunderts, wo schöne silberne Teekannen erstmals auf Teepartys auftauchten. Die Ära des Wasserkochers begann aber erst im späten 19. Jahrhundert. Und – seien wir ehrlich – die ersten waren alles andere als schnell: Das Wasser brauchte zwölf Minuten, bis es kochte. Erst 1922 wurde ein Heizelement in den Wasserkocher eingebaut, um den Kochvorgang zu beschleunigen. Die Technik des Wasserkochers kam erst in den 1950er-Jahren so richtig zum Zug.

Ende des 19. Jahrhunderts

1921

1997

WOHNZIMMER

Auf ins Wohnzimmer, um unsere Lieblings-Kinderserie im Fernsehen anzugucken! Das Wohnzimmer ist der Ort, an dem Brettspiele gespielt werden und wo man den ganzen Nachmittag bei Tee und Kuchen mit Gästen plaudert. Das Wohnzimmer ist das pulsierende Herz eines jeden Hauses. Es ist auch der Ort, an dem Papa sich aufs Sofa legt, um ein Nickerchen zu machen, das am Ende zu einem richtigen Mittagsschlaf wird. Aber wie war das eigentlich bei unseren Vorfahren? Hatten sie auch Wohnzimmer in ihren Häusern?

Eine leicht erhöhte Ebene bot Schutz vor dem Wüstensand.

Wohnzimmer und Küche in einem

Gemütliche Höhle

Eine Höhle mit einer Feuerstelle, um die sich alle versammelten. Wir wissen, dass die prähistorische Höhle **Küche, Wohnzimmer, Vorratskammer und Schlafzimmer in einem** war. Heißt das, dass unsere Vorfahren keine Privatsphäre hatten? Eigentlich nicht! Immerhin verbrachten sie die meiste Zeit im Freien, wo jeder genug Platz hatte, um für sich zu sein.

Wohnen in Ägypten

Wohlhabende Ägypter strichen die Ziegelwände ihrer Häuser weiß, damit sie das Sonnenlicht reflektierten und nicht zu heiß wurden. Die Häuser hatten bis zu dreißig Räume. Die meisten waren Vorratsräume, aber es gab auch Kinderzimmer, Bäder, Schlafzimmer und – ja, auch Wohnzimmer. Das ägyptische Wohnzimmer befand sich in der **Mitte** des Hauses, umgeben von allen anderen Räumen, sodass es darin im Sommer angenehm kühl und im Winter ausreichend warm war. Der Fußboden des Wohnzimmers, in dem sich alle geselligen Aktivitäten abspielten, war **etwas erhöht**, um ihn vor dem überall eindringenden Wüstensand zu schützen. Schließlich mag niemand das Knirschen von Sandkörnern unter den Füßen.

Zeitstrahl →

PRÄHISTORISCHE ZEIT	ALTES ÄGYPTEN	ANTIKES GRIECHENLAND	RÖMISCHES REICH

ALTES ÄGYPTEN

Der Stuhl – ein fester Bestandteil der Wohnräume

Griechischer Komfort

Und wie war das im antiken Griechenland? Hatten die Menschen dort auch Wohnzimmer? In ihren komfortablen Häusern konzentrierte sich alles um einen **zentralen Innenhof**. Die Frauen durften sich ohne Erlaubnis ihrer Männer nicht außerhalb des Hauses frei bewegen. Sie saßen also in diesem Hof, unterhielten sich und genossen die frische Luft. Ansonsten hielten sie sich in den ihnen zugewiesenen Bereichen des Hauses auf, während die Männer in den Speisesälen saßen.

Zentraler Hof – das Wohnzimmer im antiken Griechenland

MITTELALTER | 17.–18. JAHRHUNDERT | 19. JAHRHUNDERT | 20. JAHRHUNDERT

Tablinum und triclinum

Wohlhabende Römer lebten im Luxus in schönen Villen. Das römische Wohnzimmer war ein Raum, der **Tablinum** genannt wurde. Er war mit einem überdachten Innenhof, dem **Atrium**, verbunden, in dem Gäste empfangen wurden. Manchmal diente das **Tablinum** auch als Arbeitszimmer des Hausherrn. Der repräsentativste Raum des Hauses war der Speisesaal, das **Triclinum**. Hier standen Speisesofas, auf denen sich Hausherr und Gäste zum Essen und Plaudern niederließen.

RÖMISCHES REICH

Im alten Rom dienten Sofas nicht nur zum Ausruhen, sondern auch zum Schlemmen.

Zeitstrahl ⟶

PRÄHISTORISCHE ZEIT	ALTES ÄGYPTEN	ANTIKES GRIECHENLAND	RÖMISCHES REICH

Vornehmer Sessel

Auch im Mittelalter hatten die Reichen ihre Wohnzimmer. Diese dienten nicht nur der Entspannung, sondern auch der Zurschaustellung von Reichtum und Macht. Im Mittelpunkt des frühmittelalterlichen Wohnzimmers stand ein Sessel, in dem der Hausherr in stolzer Bequemlichkeit saß, während seine Diener geschäftig um ihn herumliefen oder auf niedrigen Schemeln auf seine Anordnungen warteten. **Auch wenn er Gäste empfing, saß der Hausherr in seinem hohen Sessel**. Es war nicht schwer zu verstehen, was er damit zeigen wollte: Schaut mich an und seht, wie erhaben und mächtig ich bin!

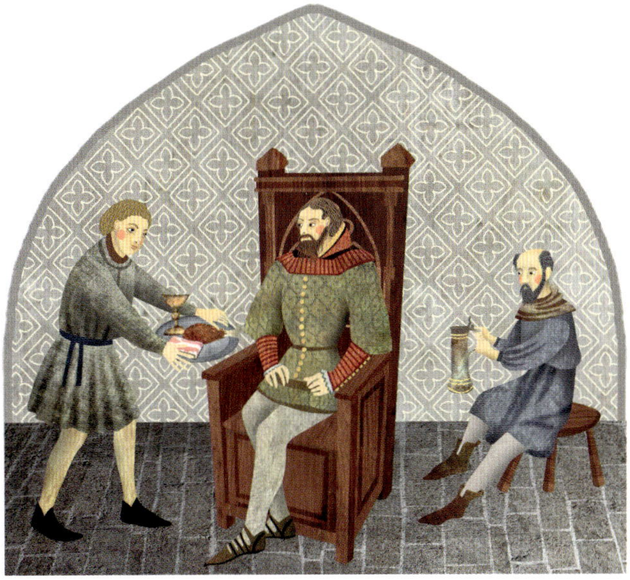

MITTELALTER	17.-18. JAHRHUNDERT	19. JAHRHUNDERT	20. JAHRHUNDERT

Das Wohnzimmer als Schaufenster

Im 17. Jahrhundert waren die Wohnzimmer mehr **Ausstellungsräume des Familienlebens** als besondere Orte für den Empfang von Gästen. So konnten die stolzen Hausbesitzer zeigen, dass sie viele Räume besaßen. Diese neuen Wohnzimmer wurden mit kostbaren Kunstwerken geschmückt und mit den besten Möbeln ausgestattet; gehörte die Familie dem Adel an, wurde ein Wappen angebracht. Alle wichtigen Ereignisse im Leben der Familie – vor allem Hochzeiten, Geburtstage und Totenwachen – fanden im Wohnzimmer statt.

17.–18. JAHRHUNDERT

Kein Zutritt für Kinder

Heute **trifft sich die Familie** im Wohnzimmer. Doch Ende des 19. Jahrhunderts hieß dieser Raum „Salon“ und war nur für den Empfang von Gästen bestimmt. Kinder durften nicht einmal hinein. Wer wollte schon riskieren, dass die wertvollen Möbel, die dekorativen Teppiche und das teure Porzellan beschädigt wurden? Die Familie traf sich in anderen Räumen im Haus. Die Besitzer empfingen Gäste nicht nur in ihrem **schönsten Zimmer**, sondern auch in ihren besten Kleidern.

Zeitstrahl →

PRÄHISTORISCHE ZEIT	ALTES ÄGYPTEN	ANTIKES GRIECHENLAND	RÖMISCHES REICH

Salons für die Toten

Im Ersten Weltkrieg kamen viele Menschen auf den Schlachtfeldern ums Leben. Viele weitere starben kurz darauf an den Folgen einer Grippeepidemie. Eine Zeitlang war der Salon der Ort, an dem der Leichnam eines Verstorbenen aufgebahrt wurde, damit man dort um ihn trauern konnte. Erst als die Nachwirkungen des Krieges und der Epidemie abgeklungen waren, nahmen die Salons ihre soziale Funktion wieder auf. Schon bald wurden sie dann auch als **Wohnzimmer** bezeichnet.

MITTELALTER	17.–18. JAHRHUNDERT	19. JAHRHUNDERT	20. JAHRHUNDERT

MÖBEL

Kannst du dir ein Zimmer ohne Möbel vorstellen? Gemeint ist jedes Zimmer – Wohnzimmer, Kinderzimmer, Esszimmer, Schlafzimmer, Arbeitszimmer, Gästezimmer, ganz egal. Alle Zimmer werden von Möbeln geprägt, vor allem von Schränken, Stühlen, Tischen und Schreibtischen. Das können moderne, Designer- oder Retro-Möbel sein, neue oder von den Großeltern geerbte … Aber wissen wir eigentlich, wie die Möbel entstanden sind oder wie sie sich im Lauf der Zeit verändert haben? Schauen wir uns das einmal genauer an.

Steinzeit

Schon als sich die ehemaligen Jäger und Sammler auf ein Leben als Ackerbauern umstellten, gab es in ihren einfachen Behausungen Möbel. Diese waren natürlich aus Stein: Die Bänke, Truhen, Schränke und Betten in einem schottischen Dorf auf den Orkney-Inseln aus der Zeit zwischen 3100 und 2450 v. Chr. waren alle aus diesem Material (wie Archäologen feststellten).

Zeitstrahl →

PRÄHISTORISCHE ZEIT	ALTES ÄGYPTEN	MESOPOTAMIEN	ANTIKES GRIECHENLAND	RÖMISCHES REICH	MITTELALT

Der Thron des Pharao

Der ägyptische Pharao saß bequem auf einem prachtvollen Thron, mit einem Schemel unter den Füßen. Nur die bedeutendsten Ägypter saßen auf einem solchen Stuhl. Der königliche Fußschemel war mit Bildern der Feinde Ägyptens geschmückt, sodass der Pharao zumindest symbolisch auf sie treten konnte.

Tragbare Möbel

Wandmalereien und -gravuren zeigen deutlich, dass man im alten Ägypten den Luxus von Möbeln schätzte. Die **Betten, Schemel, Stühle, Tischchen und Truhen** zeichneten sich alle durch raffinierte Schlichtheit, Leichtigkeit und einfache Aufbewahrung aus. Die Ägypter mochten keine schweren, sperrigen Möbel – nicht nur aus ästhetischen Gründen, sondern auch, weil es an hochwertigem Holz für stabile Möbel mangelte. Es musste von weit her importiert werden. Die Kunsttischler verzierten ihre Werke kunstvoll mit Elfenbein, Glas, Blattgold, Blattsilber und Edelsteinen.

ALTES ÄGYPTEN

-15. JAHRHUNDERT	16. JAHRHUNDERT	BAROCK	18. JAHRHUNDERT	19.-20. JAHRHUNDERT	HEUTE

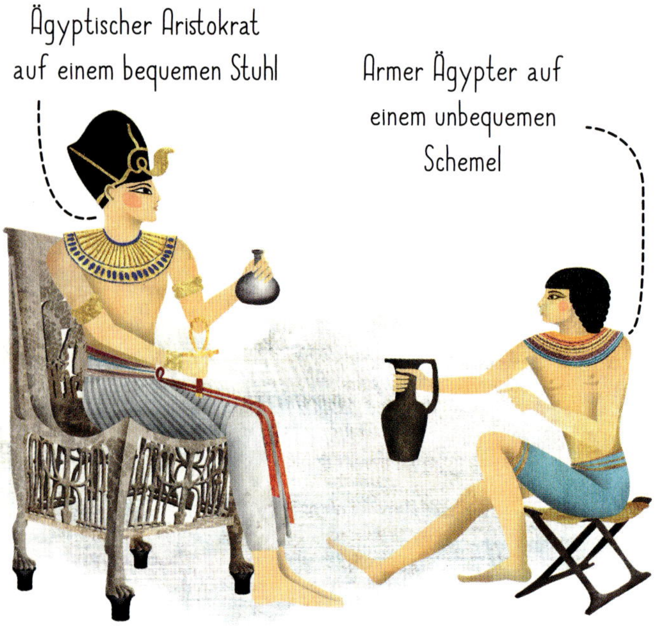

Reicher Mensch, armer Mensch

Während sich arme Ägypter mit **Schilfrohrtruhen** begnügen mussten, füllten ihre wohlhabenden Landsleute, die ihren Reichtum gern zur Schau stellten, ihre Häuser mit prächtig bemalten Truhen, kunstvollen Sesseln, deren vier Beine mit Tiermotiven (meist Löwentatzen) verziert waren, niedrigen Tischen aus teurem Eben- oder Platanenholz, runden Esstischen und Stühlen mit hoher Rückenlehne.

Mesopotamiens Einfluss

Die Möbel der Mesopotamier ähnelten denen der Ägypter, waren jedoch etwas schwerer und weniger verziert. Das Aussehen der mesopotamischen Möbel – mit der auffälligen Verwendung von Zierringen an den Stuhlbeinen und Stoffbezügen mit Fransen – **beeinflusste später die griechischen und italienischen Möbel**.

Zeitstrahl →

PRÄHISTORISCHE ZEIT	ALTES ÄGYPTEN	MESOPOTAMIEN	ANTIKES GRIECHENLAND	RÖMISCHES REICH	MITTELALT

Stühle aus Marmor?

Die Häuser im antiken Griechenland waren spärlich möbliert. Ebenso wie die Ägypter verwendeten die Griechen bei der Herstellung von Möbeln nur wenig Holz, da sie nicht viel davon besaßen. So ist es nicht verwunderlich, dass einige griechische Stühle aus **Marmor** oder **Bronze** gefertigt wurden.

Ein Bett aus Marmor

ANTIKES GRIECHENLAND

Leichter Hocker: Diphros

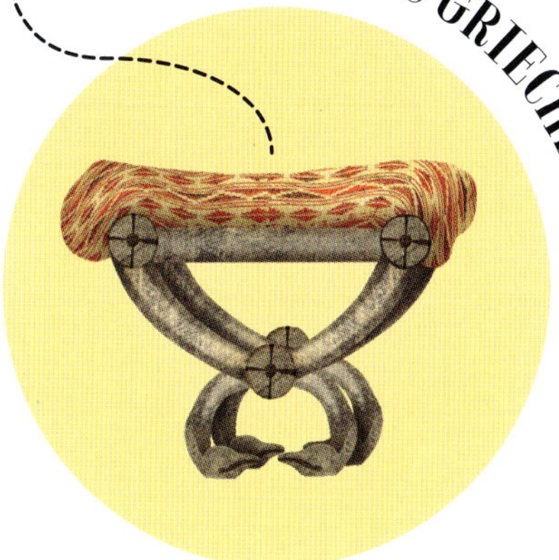

Bequeme geschwungene Rückenlehne

Der Klismos

Sitzmöbel im Überfluss!

Der einfache Stuhl mit gerader Lehne war eine griechische Erfindung, und jeder Haushalt besaß sicher mindestens einen. Gleiches gilt für den **Diphros**, einen leichten vierbeinigen Hocker, der vielseitig einsetzbar war: Er diente Handwerkern bei der Arbeit, Schülern beim Unterricht und Musikern beim Spielen ihrer Instrumente. Nicht weniger beliebt als bequemes Sitzmöbel war der **Klismos**, ein Stuhl mit spitz zulaufenden, nach außen gebogenen Beinen und geschwungener Rückenlehne.

-15. JAHRHUNDERT	16. JAHRHUNDERT	BAROCK	18. JAHRHUNDERT	19.–20. JAHRHUNDERT	HEUTE

Essen im Liegen ...

Heute kann man sich kaum vorstellen, im Liegen zu essen, aber im antiken Griechenland war das die natürlichste Sache der Welt. Deshalb gab es in jedem Haus sogenannte **Klinai**, Speisesofas, die bei jedem Festmahl benutzt wurden. Sie waren kunstvoll gearbeitet und hatten weder Rücken- noch Armlehnen; an der schmalsten Stelle befand sich eine Erhöhung für den Kopf. Spätere **Klinai** hatten eine Rückenlehne und ähnelten eher einem modernen Sofa.

Ein wohlverdienter Sessel

Prachtvolle Sessel und Throne gab es nur in den Häusern der bedeutendsten Griechen.

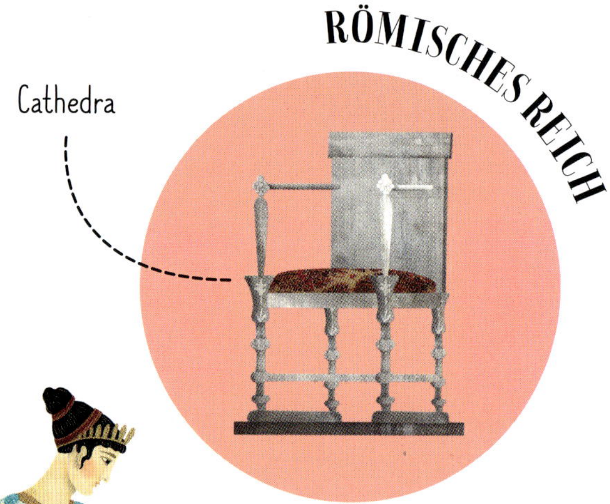

Die Freude am Sitzen

Sofas, Stühle mit und ohne Arm- und Rückenlehnen, Hocker, Tische, **Aufbewahrungstruhen**, die ersten Schränke – wer eine römische Familie besuchte, konnte all das bewundern. Ein Hocker aus Bronze mit gepolsterter Sitzfläche und niedrigem Sockel war ein einfacher, weit verbreiteter Gegenstand. Der hohe Stuhl, **Cathedra** genannt, wurde nicht nur von Lehrern benutzt, sondern war auch in den Haushalten üblich.

Zeitstrahl ⟶

PRÄHISTORISCHE ZEIT	ALTES ÄGYPTEN	MESOPOTAMIEN	ANTIKES GRIECHENLAND	RÖMISCHES REICH	MITTELALT

Und natürlich auch ein Tisch

Kommen wir zum Tisch. Die Tische der Römer waren meist rund oder rechteckig und standen auf drei oder vier Beinen, die in Form von Tierfüßen geschnitzt waren. Die beliebtesten Materialien waren Zitrusholz und Schiefer, aber auch **Tische aus Marmor** waren nicht ungewöhnlich und häufig in Gärten zu finden.

Römischer Marmortisch

Römischer Kleiderschrank

Truhen, Kästen und Schränke

Während die Römer einen Großteil ihres Besitzes in einem Schrank, dem **Armarium**, aufbewahrten, bevorzugten sie für ihre Tuniken, Togen und Wertsachen **Truhen** und **Kästen**. Dass eine Truhe mit Schätzen gefüllt war, konnte man an den Schlössern und Metallbeschlägen erkennen; manche dieser Truhen waren sogar fest mit einem Steinsockel verbunden. Wie du siehst, war für Diebe bei wohlhabenden Römern nicht viel zu holen.

Aufbewahrungskasten

-15. JAHRHUNDERT	16. JAHRHUNDERT	BAROCK	18. JAHRHUNDERT	19.-20. JAHRHUNDERT	HEUTE

Mittelalterlich = schwer

Im Vergleich zu den Möbeln der Antike waren die Möbel des frühen Mittelalters **sperrig** und **schwer**. In dieser Zeit waren Möbel ohnehin eher selten und es wurden nur **die einfachsten Arten** genutzt. Aus der Zeit vor dem 14. Jahrhundert sind kaum Möbel erhalten, da das Holz verrottete und die Möbel nur in sehr kleinen Stückzahlen hergestellt wurden.

Ein einziger Stuhl – ist das alles?

Eine Feuerstelle, ein Tisch, ein Stuhl (für den Hausherrn), ein paar Bänke und Hocker und ein paar Mehrzwecktruhen – so sah so manches Zimmer im Mittelalter aus. Truhen waren damals ein Geschenk des Himmels. Zum einen dienten sie als **Stauraum,** zum anderen konnte man sie zu einem Bett zusammenschieben und bequem darauf schlafen. Das Grundmaterial für die Möbel war Eichenholz.

Zeitstrahl ⟶

PRÄHISTORISCHE ZEIT	ALTES ÄGYPTEN	MESOPOTAMIEN	ANTIKES GRIECHENLAND	RÖMISCHES REICH	MITTELALT

Voilà! Wie praktisch!

Die Zeit verging und reiche Leute besaßen bald mehr als nur ein Haus. Sie benötigten daher mehr Möbel unterschiedlicher Art. Wenn die Adeligen von ihren Sommer- in ihre Winterresidenzen zogen und umgekehrt, nahmen sie alles mit, was sie hatten, also auch ihre Möbel. Das erklärt die Beliebtheit von **Klappstühlen und -hockern** sowie **Tischen** und **Schränken** mit **abnehmbaren Platten** und **Türen**.

Die unschlagbare Holztruhe

Die gute alte Holztruhe ist unschlagbar! So hieß es im Mittelalter, als die Schreiner eine Truhe nach der anderen herstellten. Tatsächlich war sie die Grundlage mittelalterlicher Möbel und diente je nach Bedarf als **Kasten, Schrank, Sitz oder Tisch**. Gegen Ende des 15. Jahrhunderts wurde die Truhe jedoch durch den neumodischen Kleiderschrank verdrängt.

-15. JAHRHUNDERT	16. JAHRHUNDERT	BAROCK	18. JAHRHUNDERT	19.-20. JAHRHUNDERT	HEUTE

Vererbte Stühle

Wie in früheren Zeiten waren auch im 16. Jahrhundert Möbel Luxusgüter, die **von Generation zu Generation weitergereicht** wurden. Zwar waren Stühle im Haus inzwischen üblich, aber sie hatten nichts Besonderes an sich. Meist gab es nur drei Stühle: einen für den Hausherrn, einen für seine Frau und einen dritten für den geschätzten Gast. Alle anderen saßen auf einem Schemel oder gar auf dem Boden.

Ein Hauch von Orient

Das Mobiliar des 17. Jahrhunderts war vom **barocken Ornamentstil** geprägt. Massive Schränke und Kommoden wurden lackiert und – als die Seereisen nach Asien in Mode kamen – mit **orientalischen Motiven** verziert. Exotische Hölzer wie Mahagoni und Ebenholz begannen der Eiche Konkurrenz zu machen. Zu dieser Zeit wurden Stühle in jedem Haushalt zum alltäglichen Gebrauchsgegenstand. Das 17. Jahrhundert brachte neue Möbelstücke hervor, vor allem das **Bücherregal**, die **Kommode** und **beeindruckende Uhren.**

Bombast oder Nüchternheit?

Vergessen wir das Mittelalter mit seinem begrenzten Mobiliar. Die Möbel des 18. Jahrhunderts zeigten zwei Stilrichtungen auf: den stark **verzierten Rokoko** und den nüchternen **Neoklassizismus**. Das 18. Jahrhundert brachte auch die ersten **Kataloge** hervor, aus denen Kenner die Möbel für ihre Wohnungen und Häuser auswählen konnten. Damals begann außerdem die Zeit der namentlich genannten Möbelhersteller. All dies interessierte natürlich nur die wohlhabenderen Schichten; die Armen hielten weiterhin die einfachen Möbel, die sie geerbt hatten, instand.

Zeitstrahl ⟶

PRÄHISTORISCHE ZEIT	ALTES ÄGYPTEN	MESOPOTAMIEN	ANTIKES GRIECHENLAND	RÖMISCHES REICH	MITTELALT

Biedermeier

Das 19. Jahrhundert brachte den ruhigen, konservativen Einrichtungsstil des **Biedermeier** in die Häuser des wohlhabenden Bürgertums. Neben den Zimmern, die sorgfältig und geschmackvoll für den Empfang von Gästen eingerichtet waren, gab es nun auch Räume, in denen sich die Familie am häufigsten aufhielt. Hier standen Mahagoni-Sofas zum Entspannen, bequeme Ohrensessel, runde Tische mit einem Bein und Stühle mit abgerundeten Rückenlehnen. Ein neues Möbelstück war die **Vitrine**, in der Porzellan, Glas und andere dekorative Gegenstände aufbewahrt wurden.

-15. JAHRHUNDERT	16. JAHRHUNDERT	BAROCK	18. JAHRHUNDERT	19.-20. JAHRHUNDERT	HEUTE

De Stijl

In der Zeit von 1917 bis 1931 führte eine niederländische Künstlergruppe namens De Stijl **abstrakte Motive** in die Möbelherstellung ein. Die Mitglieder der Gruppe waren **Anhänger des Kubismus**, und so ist es nicht verwunderlich, dass die blauen, gelben und roten Sessel von De Stijl aussehen, als wären sie einem kubistischen Gemälde entsprungen. Die Möbel hatten klare, saubere Linien und eine heitere, eindeutige Funktionalität.

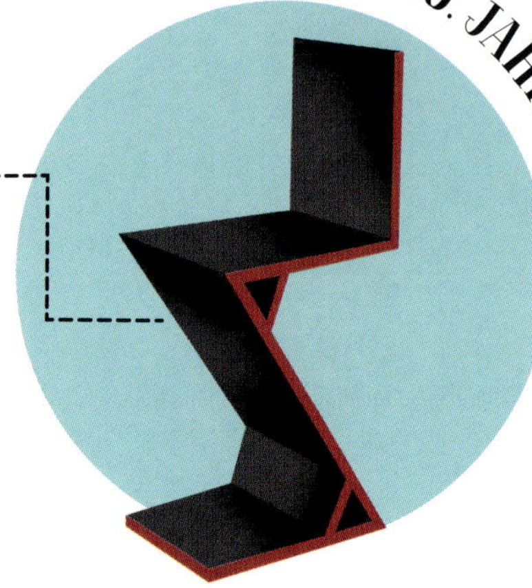

20. Jahrhundert – neue Formen und Farben

Heiterer De-Stijl-Sessel

Art déco

Der Art déco ist eine Stilrichtung der bildenden Kunst aus der ersten Hälfte des 20. Jahrhunderts, in der elegante Möbel geschaffen wurden. Sie zeichneten sich durch **geometrische Schlichtheit** und einen spielerischen Umgang mit Farben aus. Die Vertreter des Art déco kombinierten lackiertes Holz (gewöhnliches oder orientalisches) mit glänzendem Chrom.

Zeitstrahl →

Ökodesign

Wer die Natur schonen will, möchte nicht, dass Bäume gefällt werden, um Stühle herzustellen. Dieser Denkansatz führt zu einem Trend in der Möbelherstellung des 21. Jahrhunderts. Welches Material wird stattdessen verwendet? Beispielsweise Baumwolle, weil dies die Natur und die **Erdatmosphäre** schont. Früher wurden nur Schwimmringe und Luftballons aufgeblasen. Heute sind **aufblasbare Möbel** angesagt. Bitte Platz nehmen auf dem bequemsten Stuhl der Welt.

-15. JAHRUNDERT	16. JAHRHUNDERT	BAROCK	18. JAHRHUNDERT	19.-20. JAHRHUNDERT	HEUTE
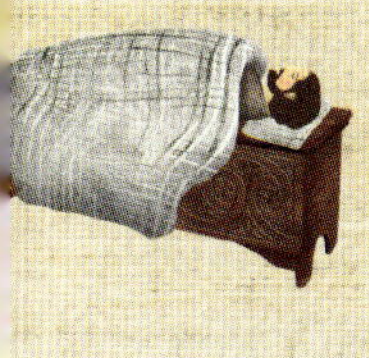					

TAPETEN

„Wenn du dir die Schokolade nicht von den Händen wischst, machst du Flecken auf die Tapete." Vielleicht hat dich auch deine Großmutter so ermahnt, weil sie Angst hatte, dass das hübsche Röschenmuster an ihrer Wand schmutzig werden könnte. Schöne Tapeten geben einem Raum eine andere Wirkung und vermitteln ein Gefühl von Gemütlichkeit. Machen wir nun eine kleine Reise durch die Geschichte der Tapete.

Höhlenmalerei

In der prähistorischen Zeit gab es natürlich keine Tapeten. Einerseits kannte man damals noch kein Papier. Andererseits wäre es unmöglich gewesen, eine Höhle zu tapezieren. Aber wer sagt, dass wir die ersten **Höhlenmalereien** nicht als entfernte Vorfahren der heutigen Tapeten betrachten können? Obwohl sie eindeutig eine rituelle Funktion hatten, lässt sich nicht leugnen, dass sie einer Höhle ein gewisses Flair verleihen.

Buntes Altertum

Auch hier entdecken wir keine Tapeten, wie wir sie kennen – dafür aber prächtige Wandmalereien mit **Szenen aus dem ägyptischen Leben sowie Hieroglyphen**, die Paläste und Gräber im alten Ägypten schmückten. Malereien in sieben Farben – blau, gelb, rot, schwarz, weiß, braun und grün – fand man dort noch in der staubigsten Ecke.

Zeitstrahl →

PRÄHISTORISCHE ZEIT	ALTES ÄGYPTEN	CHINESISCHES ALTERTUM	GRIECHENLAND UND RÖMISCHES REICH

China

Das erste Papier wurde um 3000 v. Chr. aus Hanf gefertigt. Später nutzte man Seide und Flachs zur Herstellung von Papier. Die erste Tapete wurde um 200 v. Chr. in China hergestellt. Das Papier, wie wir es heute kennen, entstand im 1. Jahrhundert n. Chr. ebenfalls in China.

Leder ist unschlagbar

Verlassen wir nun die Vorgeschichte und die Antike und begeben uns ins Mittelalter. Kannst du dir vorstellen, dass die Steinmauern einer mittelalterlichen Burg mit einer feinen Tapete mit zartem Blumenmuster verziert waren? Wohl eher nicht. Die mittelalterlichen Wände waren mit Paneelen aus **vergoldetem Leder** verkleidet, die in Holzrahmen gespannt und montiert waren. Diese „Tapeten“ verschönerten nicht nur das Aussehen eines Raums, sie isolierten auch hervorragend gegen Kälte.

Antike

In der Antike wurden die Häuser mit Wandmalereien verziert. Auch **farbige Mosaike** aus dem Orient waren ein beliebter Wandschmuck. Häufige Motive dieser Mosaike waren menschliche Figuren und/oder Blumen. Griechische Mosaike bestanden vor allem aus farbigen Steinen, während römische reichlich farbiges Glas und Glasstifte umfassten.

MITTELALTER	RENAISSANCE	17.–18. JAHRHUNDERT	19.–20. JAHRHUNDERT

Wandteppiche

Der Wandteppich kann als eine andere Form der mittelalterlichen „Tapete“ betrachtet werden. Dabei handelt es sich um ein **textiles Bild**, das eine doppelte Funktion hat: Wie die Ledertapete wirkt er sowohl verschönernd als auch isolierend. Die Kunst der Tapisserie (Weben von Bildteppichen) kam mit den marodierenden Sarazenen nach Europa. Einige der größten Maler mehrerer Epochen, allen voran der Italiener **Raffael**, der Deutsche **Albrecht Dürer** und der Spanier **Francisco Goya**, entwarfen Motive für Wandteppiche.

Renaissance-Engel

Der Maler **Jean Bourdichon** ist untrennbar mit der Renaissance verbunden. 1481 beauftragte König Ludwig XI. von Frankreich Bourdichon, fünfzig Papierrollen mit einem **Engelsmotiv auf blauem Grund** zu bemalen, um die königliche Residenz zu schmücken. Damit setzte er ein Zeichen für den Adel, der nun in großem Stil Tapeten in Auftrag gab. Bis dahin war das Tapezieren von Wänden eher bei kleinen Kaufleuten als bei Aristokraten beliebt. Auch die Innenseiten von Schränken, Kabinetten und Bücherregalen wurden damals tapeziert.

Zeitstrahl ⟶

PRÄHISTORISCHE ZEIT	ALTES ÄGYPTEN	CHINESISCHES ALTERTUM	GRIECHENLAND UN RÖMISCHES REICH

Tapetenmuster in der Renaissance

Blumen- und Naturmotive in symmetrischer Anordnung – das war typisch für die Tapeten der Renaissance. Auch maurische Ornamente waren sehr beliebt. In England wurden Tapeten häufig mit Wappen oder Porträts der adeligen Vorfahren des Tapetenbesitzers verziert. Auch Decken wurden tapeziert, in den meisten Fällen mit Mustern, die Holz oder Schnitzereien imitierten.

Jetzt wird gedruckt!

Der französische Kupferstecher und Kunsthandwerker **Jean Papillon** gilt als Erfinder der Mustertapete. Er gründete 1688 eine große Tapetenfabrik. Papillons Sohn Jean-Michel machte dort weiter, wo sein Vater aufgehört hatte, und erreichte durch die Verwendung von Druckblöcken ein durchgehendes Muster. Diese Technik des Tapetendrucks hielt sich bis weit ins 18. Jahrhundert, obwohl sie relativ aufwendig und teuer war. Heute ist es für uns normal, Tapeten an die Wand zu kleben, aber damals wurden sie mithilfe von einem Hammer und Kupfernägeln befestigt.

Exotische Importe

Im Lauf des 17. Jahrhunderts wuchs die Nachfrage nach Tapeten **aus China**. Diese wurden aus feinem Maulbeerbaumpapier hergestellt und mit Szenen aus dem chinesischen Alltagsleben oder mit Motiven exotischer Pflanzen, Vögel, Bäume, Felsen und Pagoden bedruckt. Obwohl die chinesischen Tapeten relativ teuer waren, fanden sie reißenden Absatz. Paradoxerweise tapezierten die Chinesen die Wände ihrer Häuser nicht; die Tapeten entstanden nur für den Export.

Sehr populäre orientalische Motive

MITTELALTER	RENAISSANCE	17.–18. JAHRHUNDERT	19.–20. JAHRHUNDERT

Die erste Tapetenfabrik

Ein weiteres Jahrhundert und ein neuer Name: **Jean-Baptiste Réveillon**. Réveillon war nicht nur der erste französische Papierhändler, der Tapeten aus England importierte, sondern er gründete mit der Mitgift seiner Frau auch eine Tapetenfabrik. Seine Tapeten bestanden aus **Velourpapier**, das mit leuchtenden Farben bedruckt wurde. Nach der Herstellung des **Papier Bleu d'Angleterre**, das die Gemächer der französischen Königin Marie Antoinette schmückte, wurde er zum exklusiven Tapetenlieferanten der königlichen Familie. Jeder, der damals etwas auf sich hielt, hatte mindestens einen Raum im Haus mit einer Tapete von Réveillon.

Tapetenherstellung im großen Stil!

Im 18. Jahrhundert wurde die Tapetenherstellung mechanisiert. Die ersten Maschinen wurden in Frankreich entwickelt und betrieben. Der französische König Ludwig XVI. erließ 1788 ein königliches Dekret, wonach eine Tapete zehn Meter lang sein musste!

Barocke Tapetenmuster

Zu Beginn des Barocks waren Imitationen von Holz, Gips, Marmor, Brokat und Spitze die beliebtesten Tapetenmotive. Auch Darstellungen von wilden Jagdszenen waren sehr gefragt. Doch schon bald wurden diese Motive von Abbildungen von Blumen, Vasen, Muscheln und Landschaften, aber auch von chinesischen Mustern abgelöst. Die kräftigen Farben wichen Pastelltönen.

Tapeten in Rollen

Das Zeitalter der Dampfmaschine bedeutete das Ende der Produktion von Tapeten in Form von bedruckten Bögen. Ab 1830 konnte man Tapeten in Form von **handlichen Rollen** kaufen, so wie wir es heute kennen. Die damit verbundene Senkung der Produktionskosten führte zu einer weiten Verbreitung der Tapete. Von nun an waren Tapeten nichts Ungewöhnliches mehr. Die Menschen begannen, ihre Wohnungen nach Lust und Laune zu tapezieren, vor allem die Kinderzimmer.

Zeitstrahl →

PRÄHISTORISCHE ZEIT	ALTES ÄGYPTEN	CHINESISCHES ALTERTUM	GRIECHENLAND UND RÖMISCHES REICH

William Morris

Einer der **bedeutendsten britischen Designer** des 19. Jahrhunderts revolutionierte die Motive der Tapeten. Als Bewunderer der reinen, natürlichen Schönheit schmückte Morris seine Tapeten mit subtil stilisierten Pflanzen, wie man sie auf der Wiese und im Dorf findet. Nach vielen exotisch anmutenden Blumenmotiven glaubte er, es sei Zeit für eine Veränderung.

Die häufigsten Tapetenmotive

Im 19. Jahrhundert kamen neben Holz-, Stuck-, Textil- und Wappenmotiven auch die beliebten Naturmuster auf die Tapeten – vor allem realistische Darstellungen von Blumen in leuchtenden Farben. Im Lauf der Zeit wurden die Abbildungen stark stilisiert.

Tapetenmotive von Morris

Tapetenboom

Im 20. Jahrhundert öffneten sich die Schleusen für die Tapetenproduktion. Jeder wollte Tapeten haben. Es gab preiswerte und teure Tapeten, sodass die Kunden je nach Geldbeutel wählen konnten. Die Tapetenmuster änderten sich etwa alle zehn Jahre, abhängig davon, **was gerade in Mode war**. Mal waren florale Muster, mal geometrische Formen angesagt. Altägyptische Motive wichen abstrakten Mustern und der farbenfrohen Pop-Art der 1960er-Jahre.

MITTELALTER	RENAISSANCE	17. - 18. JAHRHUNDERT	19. - 20. JAHRHUNDERT

BRETTSPIELE

Was gibt es Schöneres, als sich abends mit Mama und Papa an den Tisch zu setzen, Tee zu trinken und ein Spiel zu spielen? Mensch ärgere dich nicht, Schach, Monopoly, Karten, was auch immer – alles macht Spaß. Wann haben die Menschen angefangen, sich auf diese Weise zu amüsieren? Schauen wir uns doch einmal an, wie dieser Zeitvertreib begann und wie er sich entwickelt hat.

Mehen

Mehen ist der Name der Schlange, die den Sonnengott Ra begleitete. Der Mehen-Spielstein zeigte eine Spirale, wie eine Schlange, und die Spielsteine hatten die Form von Löwen oder Löwinnen, da das Mehen-Spiel eine Löwenjagd darstellte. Die tote Schlange war der Köder für die Löwen, und die Spieler, von denen es mehrere geben konnte, **waren die Löwenjäger**.

Die ersten Brettspiele

Wenn du glaubst, dass Brettspiele erst in den letzten Jahrzehnten entstanden sind, wird dich das, was du gleich lesen wirst, überraschen. Die ältesten Spiele dieser Art wurden bereits im Altertum gespielt, etwa 4000 v. Chr. In Ägypten fanden Archäologen in den Gräbern von Personen des Adels Überreste von Spielen, und auf Wandmalereien ist der Vorgang des Spielens dargestellt. Sowohl die einfachen als auch die vornehmen Ägypter spielten, um sich auf angenehme Weise die Zeit zu vertreiben. Spielen war auch ein gutes Mittel, um Streitigkeiten und Konflikte zu lösen.

Zeitstrahl ⟶

ALTES ÄGYPTEN	MESOPOTAMIEN	JAPANISCHES ALTERTUM	RÖMISCHES REICH

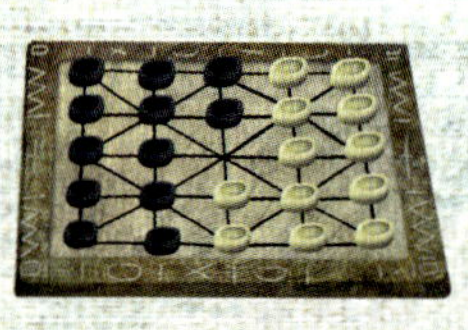

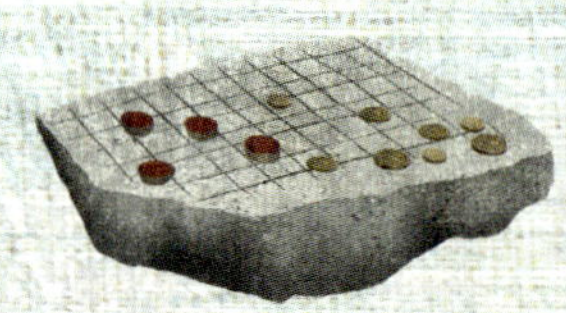

Senet

Senet war ein sehr beliebtes ägyptisches Spiel, das wahrscheinlich schon um 3500 v. Chr. gespielt wurde. Die beiden Spieler versuchten, ihre Spielsteine so schnell wie möglich über drei Reihen von zehn Feldern zu bewegen und dadurch das durch das Spielfeld symbolisierte Totenreich (Duvet) zu verlassen. Die Spieler waren vom Zufall abhängig, denn die Spielzüge wurden durch das Werfen von Stöcken oder Würfeln bestimmt. Spielsteine konnten vom Spielfeld geworfen werden. Der erste Spieler, der das Zielfeld (das zugleich auch das Startfeld war) erreichte, erlangte die Wiedergeburt. Der zweite Platz bedeutete ewige Verdammnis.

Auch Adelige spielten gern Brettspiele.

Alquerque und Merel

Um 1400 v. Chr. waren die beliebtesten Spiele in Ägypten Alquerque und Merel. Diese beiden Spiele verbreiteten sich nach und nach auch in ganz Europa. **Alquerque** ist die Ur-Ur-Großmutter des Damespiels, während **Merel** der Ur-Ur-Großvater des Mühlespiels ist. (Eine andere Erklärung besagt, dass sich das Mühlespiel mit neun Steinen aus einem irischen Spiel mit drei Steinen aus der Bronzezeit entwickelt hat.)

Senet

NDIEN – FRÜHES MITTELALTER	WIKINGERZEIT	MITTELALTER	19.–20. JAHRHUNDERT

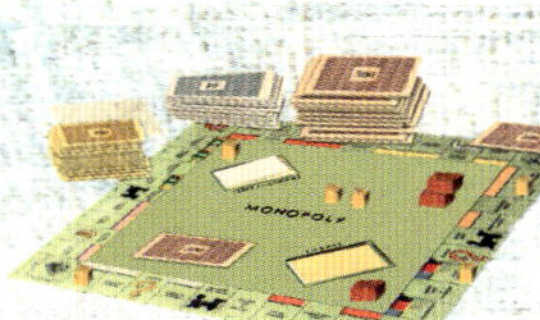

Königliches Spiel

Der Einfluss des beliebten ägyptischen Spiels „Hunde und Schakale“ zeigte sich im alten Mesopotamien um 2600 v. Chr. im Spiel **„Wölfe und Schafe“**, das man im sumerischen Königshaus spielte. Dabei setzten die Spieler mit drei pyramidenförmigen Würfeln auf die Gunst der Götter. Gespielt wurde mit sieben schwarzen und sieben weißen Spielsteinen auf einem Brett mit zwanzig Feldern. Auf einigen dieser Felder war eine Rose abgebildet, die vermutlich einen zusätzlichen Zug erlaubte. Dieses Spiel wurde im Grab von Shubad, der Prinzessin von Ur, gefunden. Wir wissen also sicher, dass Prinzessinnen schon immer gern gespielt haben.

Go

Eines der ältesten und heute noch beliebtesten Spiele ist das japanische **Go**, das um 2250 v. Chr. in China erfunden wurde und dort unter dem Namen **Weiqi** bekannt war. Go ist mehr ein Strategie- als ein Glücksspiel. Die Züge mit den schwarzen und weißen Steinen führen nicht zu einem Gewinner und einem Verlierer, sodass es ein **Spiel ohne Ende** ist. Die beiden Spieler setzen abwechselnd ihre Steine auf ein 19 × 19 Felder großes Spielfeld mit dem Ziel, ein möglichst großes schwarzes oder weißes Gebiet zu bilden. Das Spiel endet, wenn einer der Spieler aufgibt.

Liubo

Dieses chinesische Spiel stammt aus der Zeit um 1500 v. Chr. Um allen zu zeigen, dass er mächtiger als Gott war, ließ Kaiser Wu Yi ein Spiel entwickeln, bei dem eine Figur **Gott** und eine andere **Kaiser** genannt wurde. Aus Respekt vor ihrem Herrn sorgten die Höflinge, die mit der Kaiserfigur spielten, dafür, dass Gott immer besiegt wurde. In der späteren Zhou-Dynastie wurden die beiden Figuren umbenannt. Das Wort **Liubo** bedeutet **„Töte den General“**. Dieses Spiel bildet die Grundlage für das chinesische Schachspiel Xiangqi.

Zeitstrahl →

ALTES ÄGYPTEN	MESOPOTAMIEN	JAPANISCHES ALTERTUM	RÖMISCHES REICH

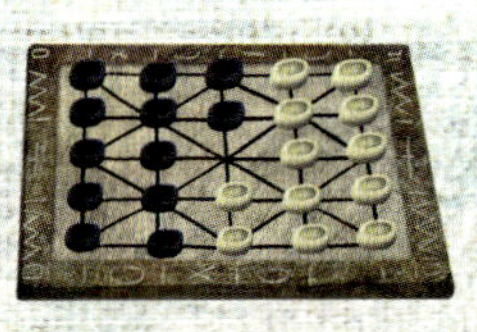

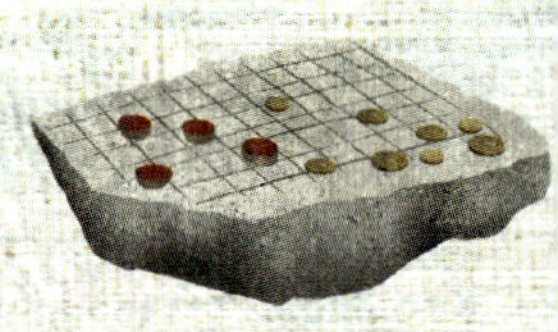

Latrunculi

Im Römischen Reich waren Spiele bei den Soldaten sehr beliebt. Schließlich mussten sie sich irgendwie die Zeit vertreiben, bevor sie in den Krieg zogen! Latrunculi – auch bekannt als **„Leben und Tod des Legionärs“** – war ein typisches Soldatenspiel. Es simulierte das Aufeinandertreffen zweier Armeen und die Spieler mussten ihr Wissen über militärische Strategien anwenden. Das Ziel des Spiels war einfach: den Feind durch **strategisches und taktisches Denken** zu besiegen.

Ludus Duodecim Scriptorum

Dieses beliebte römische Spiel entstand im 1. Jahrhundert v. Chr. Es ist mit dem ägyptischen Spiel Senet und auch mit Backgammon verwandt. Das Spielbrett besteht aus drei Reihen, die Vergangenheit, Gegenwart und Zukunft symbolisieren. Die Würfel stehen für Schicksal und Glück. Die Spieler würfeln und versuchen, ihre Spielsteine möglichst schnell ans Ende des Bretts zu bringen. Wer zuerst dort ankommt, hat gewonnen. Das Spielfeld wurde oft mit **weisen Sprüchen** verziert.

RÖMISCHES REICH

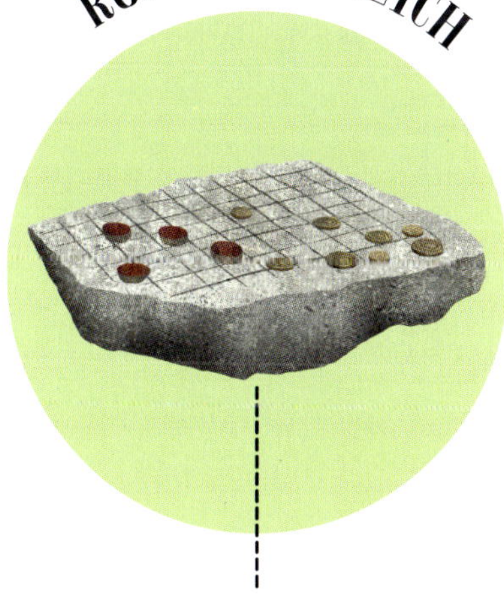

Strategiespiel Latrunculi

NDIEN – FRÜHES MITTELALTER	WIKINGERZEIT	MITTELALTER	19.–20. JAHRHUNDERT

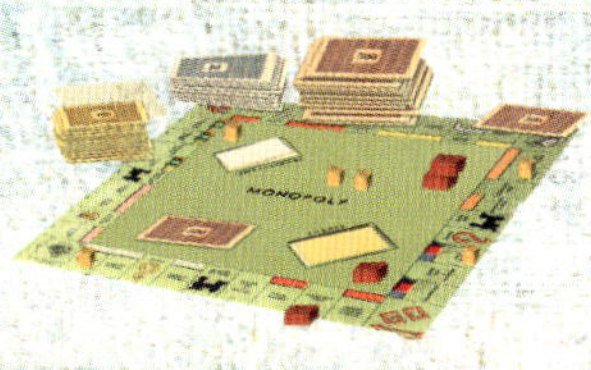

Backgammon

Fünfzehn Spielsteine, vier Würfel, eine vom Zufall beeinflusste Strategie – das sind die Zutaten für ein anderes Spiel, das **im Römischen Reich** sehr beliebt war: Backgammon. Die Spieler würfeln und versuchen, ihre Steine nach Hause und damit vom Brett zu bringen. Der erste Spieler, dem dies gelingt, hat gewonnen. Backgammon war am Ende der Antike keineswegs in Vergessenheit geraten und wurde auch im Mittelalter mit großer Begeisterung gespielt.

INDIEN

Pachisi

Dieses Spiel, das wir heute in vereinfachter Form als **Mensch ärgere dich nicht** oder **Ludo** spielen, stammt aus dem Indien des 5. Jahrhunderts. Die Spielsteine, die sich auf dem Brett bewegten, waren manchmal leblose Figuren, manchmal lebende Menschen. Da die Regeln viel komplizierter sind als bei Mensch ärgere dich nicht, ist es auch bei Erwachsenen beliebt.

Zeitstrahl →

ALTES ÄGYPTEN	MESOPOTAMIEN	JAPANISCHES ALTERTUM	RÖMISCHES REICH

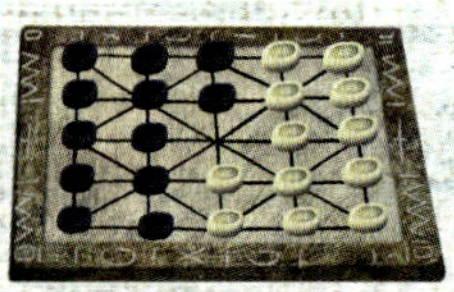

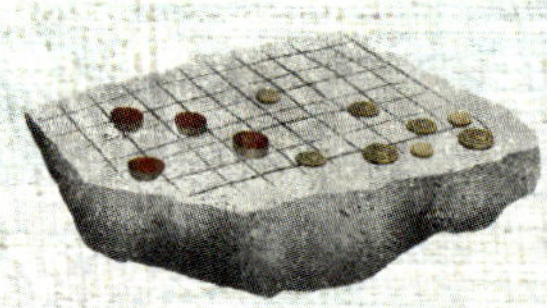

Walhalla, Spiel der Wikinger

Auch die harten Wikinger vertrieben sich gern die Zeit mit einem Brettspiel. Eines ihrer Lieblingsspiele hieß Walhalla. **Jeder Spieler** hatte sechs Schiffe, die er mithilfe von Runenwürfeln **über Meere und Ozeane ins Jenseits** – nach Walhalla – bringen musste. Auf dem Weg dorthin waren Hindernisse in Form von Felsen, Stürmen und anderen Launen des Schicksals zu überwinden, die ihnen die Runen bescherten.

Tafl

Auch Tafl war ein Wikinger-Spiel. Auf einem 11 × 11 Felder großen Spielbrett griffen vier Wikinger den König und sein Gefolge an. Der König stand in der Mitte des Brettes, umgeben von zwölf Spielsteinen – seinen Verteidigern, die versuchten, ihn sicher an den Rand des Brettes zu bringen. Es gab zwei Angreifer mehr als Verteidiger und ihr Ziel war es, den König gefangenzunehmen. Dazu mussten sie die Verteidiger ausschalten. Dieses Kampfspiel schulte das **strategische Denken** der Krieger.

WIKINGERZEIT

Walhalla

NDIEN – FRÜHES MITTELALTER	WIKINGERZEIT	MITTELALTER	19.–20. JAHRHUNDERT

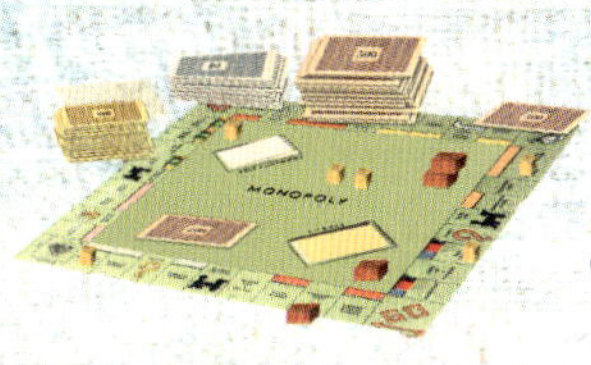

Schach

Indien ist die Wiege eines weiteren sehr beliebten Spiels: Schach. Es entstand im 6. Jahrhundert n. Chr. und hieß damals **Chaturanga**. Ein Jahrhundert später wurde es in Persien in leicht abgewandelter Form unter dem Namen **Chatrang** gespielt. Im 9. und 10. Jahrhundert verbreitete sich Schach in Europa. Die ersten Turniere zwischen Staaten fanden Aufzeichnungen zufolge bereits im 16. und 17. Jahrhundert statt.

Fuchs und Gänse

„Fuchs und Gänse" entstand im 12. Jahrhundert, vermutlich in England. Zwei Spieler spielen es auf einem Brett mit fünf kreuzförmig angeordneten Feldern. Sechzehn Spielsteine stellen die Gänse dar, zwei die Füchse. Die Gänse versuchen, von einer Seite des Brettes zur anderen zu kommen und dabei die Füchse abzublocken, die sie angreifen wollen. **Wer die meisten Gänse in Sicherheit bringt, gewinnt**. Es gibt auch Varianten, bei denen statt Gänse Schafe gerettet werden müssen.

Zeitstrahl →

ALTES ÄGYPTEN	MESOPOTAMIEN	JAPANISCHES ALTERTUM	RÖMISCHES REICH

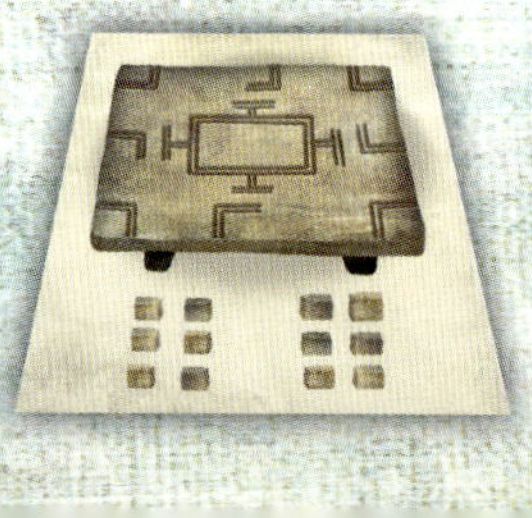

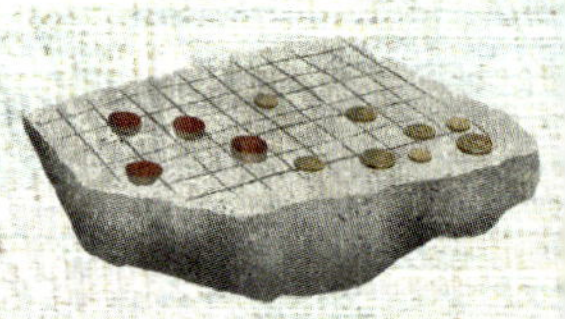

Reversi (Othello)

Das Spiel Reversi, das man heute als Othello kennt, wurde 1888 von den Engländern **Lewis Waterman** und **John W. Mollett** erfunden. Es wird auf einem 8 × 8 Felder großen Brett mit schwarz-weißen Steinen gespielt. Die Spieler versuchen, lange, ununterbrochene Reihen aus Steinen des Gegners zu bilden. Der erfolgreiche Spieler nimmt einen gegnerischen Stein und dreht ihn um, sodass er seine eigene Farbe zeigt. Der Gewinner hat am Ende die meisten Steine auf dem Brett.

Land und Immobilien kaufen

Das 20. Jahrhundert war im vierten Jahr, als der amerikanische Ökonom **Henry George** einen vergeblichen Kampf gegen die Immobilienspekulanten begann. Um Georges Theorien einem breiten Publikum verständlich zu machen, entwickelte seine treue Verehrerin **Lizzie Magie** das Spiel **The Landlord's Game** (Das Vermieterspiel), das wir heute als **Monopoly** kennen. Obwohl es die Spieler durch Phasen des Reichtums und der Armut führt, verdiente Magie nur wenig mit ihrem Spiel, da sie es ablehnte, es patentieren zu lassen. Es war ihr egal, dass Leute ihr Spiel kopierten und selbstgemachte Versionen herstellten.

Wie ein Bettler reich wurde

In den Tagen der Wirtschaftskrise vertrieb sich der arbeitslose **Charles Darrow** aus Pennsylvania die Langeweile mit **Lizzie Magies Spiel**. Dabei kam er auf die Idee, sein Glück zu versuchen, indem er das Spiel abwandelte und zum Verkauf anbot. Das Glück war ihm hold – der Besitzer der Firma Parker Brothers kaufte das Spiel und ließ es patentieren. Seit damals wurden unzählige Versionen und Variationen von **Monopoly** verkauft!

NDIEN – FRÜHES MITTELALTER	WIKINGERZEIT	MITTELALTER	19.–20. JAHRHUNDERT

SCHLAFZIMMER

Ein Raum, dessen Zentrum ein Bett (oder mehrere Betten) bildet, wird natürlich als Schlafzimmer bezeichnet. Erwachsene mögen in der Regel diesen Teil ihrer Wohnung, weil sie aus irgendeinem Grund nichts gegen das Schlafen haben, und manche genießen es sogar. Viele Kinder hingegen sind keine Fans des Schlafzimmers – obwohl einige das große Bett ihrer Eltern mögen, nicht zuletzt, weil es als Trampolin dient, wenn Mama und Papa nicht da sind.

Altes Ägypten

In den multifunktionalen Häusern des alten Ägyptens gab es viele Räume, aber keiner erinnert uns an die Art von Schlafzimmer, die wir heute kennen. **Alles** – der Empfang von Besuchern, Geschäftsabschlüsse, Versammlungen und Veranstaltungen – **fand überall statt**. An manchen Orten standen einfach ein oder zwei Betten.

Antikes Griechenland

Schon damals hatten die Griechen Schlafzimmer in ihren Häusern. Dort gab es Liegen und einfache Schränke oder Truhen für die Kleidung. Neben den Schlafräumen der Frauen lagen die Schlafräume der Bediensteten, in denen keine Betten standen; die Bediensteten schliefen auf dem Boden. Auch das Schlafzimmer des Hausherrn war von Schlafräumen der Bediensteten umgeben. Die **Schlafräume befanden sich meist im ersten Stock.**

Zeitstrahl ⟶

ALTES ÄGYPTEN	ANTIKES GRIECHENLAND	RÖMISCHES REICH	MITTELALTER

Cubicula

Das römische Schlafzimmer – **Cubiculum** genannt – war einfach ein Ort, an dem man sich abends hinlegte und den man morgens nach dem Aufstehen wieder verließ. Daher war es sehr klein und nur spärlich möbliert, selbst in den opulenten Häusern der Reichsten Roms. Ein Schlafzimmer, das **Cubiculum diurnum**, diente nur der Mittagsruhe und befand sich daher im kühlsten Teil des Hauses. Die Römer hatten noch einen dritten Schlafzimmertyp, das **Cubiculum nocturnum**, das sich meist im Obergeschoss des Westflügels des Hauses befand, sodass seine Bewohner mit dem ersten Tageslicht geweckt wurden.

Im Mittelalter waren nicht einmal die Schlafzimmer der Reichen und Adeligen nur zum Schlafen da. Sie befanden sich im ersten Stock des Hauses, um sie von der Hektik des Alltags fernzuhalten, und hatten die Funktion eines besonderen Versammlungsraums. Hier wurden wichtige Ereignisse der Zeit besprochen, lukrative Geschäfte abgeschlossen und nicht zuletzt wurde auch geschlafen, wenn die Müdigkeit es verlangte.

Volle Schlafzimmer

Da Privatsphäre im Mittelalter keine große Rolle spielte, ist es nicht verwunderlich, dass es so etwas wie ein privates Schlafzimmer nicht gab. **Alles spielte sich im Hauptraum des Hauses ab, wo die Feuerstelle für wohlige Wärme sorgte**. Hier wurde geboren und gestorben, gegessen und getrauert. Abends schliefen alle auf dem Boden, mit einem Heusack als Bett und der Wärme des Feuers als Decke.

6. JAHRHUNDERT	17. JAHRHUNDERT	18.–19. JAHRHUNDERT	20. JAHRHUNDERT

16. JAHRHUNDERT

Treffpunkt Schlafzimmer

Auch im 16. Jahrhundert blieb die Bedeutung des Schlafzimmers für die Menschen unverändert. Obwohl es ein Bett und eine Kleidertruhe enthielt, war es immer noch ein **Ort der Geselligkeit**. Selbst in gehobenen königlichen Kreisen spielten sich viele wichtige Dinge im Schlafzimmer ab. Die Bediensteten kämpften mit Zähnen und Klauen, um in diesen Räumen zu arbeiten, denn dann gehörten sie zu den privilegiertesten in der Dienerschaft.

Zeitstrahl →

ALTES ÄGYPTEN	ANTIKES GRIECHENLAND	RÖMISCHES REICH	MITTELALTER

Platz für viele!

Auch im 17. Jahrhundert verlief das Leben im Schlafzimmer noch ganz anders als heute. Hier wimmelte es von Besuchern und es war immer was los. Man könnte sagen, es platzte aus allen Nähten. Stell dir vor, in deinem Schlafzimmer geht deine **ganze Familie** ständig ein und aus und noch dazu mehrere Bedienstete!

Endlich allein!

Erst im 18. Jahrhundert zogen Ruhe und Privatsphäre ins Schlafzimmer ein. **Endlich bekam das Schlafzimmer eine eigene Tür** und war kein Durchgangszimmer mehr. Die Dienerschaft lag nicht mehr am Fuß der Betten ihrer Herrschaft, sondern es gab Schlafräume für die Bediensteten im Erdgeschoss des Hauses. Turbulente Verhandlungen, Vertragsabschlüsse und wichtige politische Entscheidungen fanden nicht mehr im Schlafzimmer statt – sondern beispielsweise in den ersten Parlamenten.

6. JAHRHUNDERT | 17. JAHRHUNDERT | 18.-19. JAHRHUNDERT | 20. JAHRHUNDERT

Die Armen haben nur eine Kammer

Auf den Luxus eines eigenen Schlafzimmers konnten die Armen jener Zeit nur neidisch sein. Die vielen Familienmitglieder lebten alle in einem einzigen Raum, in dem gekocht, gewaschen, gearbeitet und geschlafen wurde.

Arbeitsverbot im Schlafzimmer

Im 19. Jahrhundert wurde für **umfassende Privatsphäre** in den Schlafzimmern gesorgt. Jedes Haushaltsmitglied hatte sein eigenes: eines für die Herrin, eines für den Herrn, getrennte Schlafzimmer für die Kinder und sogar Schlafzimmer für die Dienstboten. Der industrielle Fortschritt und geringere Materialkosten spiegelten sich in der Ausstattung der Schlafzimmer wider: bestickte Decken, schwere Vorhänge an den Fenstern, moderne Möbel und hochmoderne Jalousien. In einer Ecke des Zimmers gab es noch ein Waschbecken und einen Frisiertisch.

Hollywood

Die 1920er-Jahre waren geprägt von industrieller Entwicklung, wirtschaftlichem Fortschritt und dem Zauber der frühen Hollywood-Filme. Mit dem Aufkommen neuer Technologien wurde das Leben einfacher und die Menschen hatten mehr Zeit für sich. Damals erfolgte auch die **endgültige Trennung von Schlafzimmer und Bad,** wodurch das Schlafzimmer zu einem Raum wurde, der nur zum Entspannen und Schlafen diente … Kaum zu glauben, dass wenige Jahre zuvor hier noch Regierungsbeschlüsse gefasst wurden!

Zeitstrahl →

ALTES ÄGYPTEN	ANTIKES GRIECHENLAND	RÖMISCHES REICH	MITTELALTER

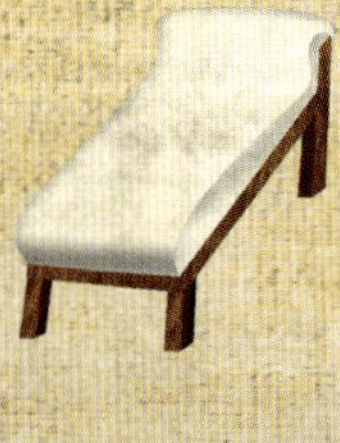

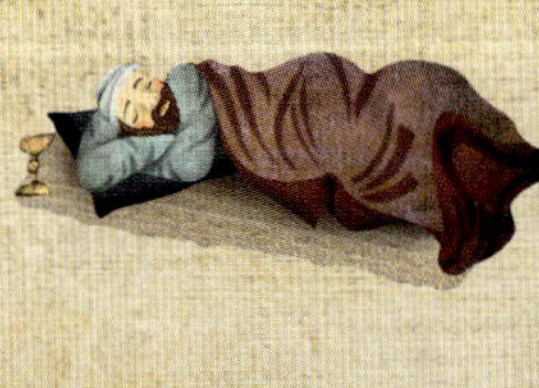

Schönheit in der Einfachheit

In der Einfachheit liegt die Schönheit, hieß es in den 1960er-Jahren. Hausfrauen warfen Bettdecken und Federbetten aus ihren Betten und ersetzten sie durch eine moderne skandinavische Erfindung: die einteilige Steppdecke, die das Bettenmachen zum Kinderspiel machte. Dieses **Bekenntnis zu Einfachheit, Komfort und Individualität** sollte weitere neue Trends im Schlafzimmer inspirieren …

6. JAHRHUNDERT	17. JAHRHUNDERT	18. – 19. JAHRHUNDERT	20. JAHRHUNDERT
			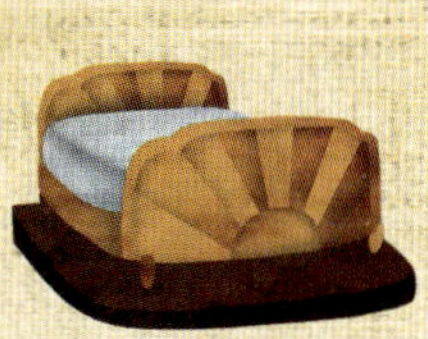

TÜREN UND SCHLÖSSER

Alle Wohnräume, Bäder, Küchen, Schlafzimmer und Kammern eines Hauses, ob groß oder klein, sind durch eine Tür mit einem passenden Schloss geschützt. So kann kein ungebetener, unerwünschter Fremder eindringen und sich an unserem Hab und Gut vergreifen. Doch wie sahen die ersten Türen und Schlösser aus? Wie schützten unsere Vorfahren ihre Privatsphäre?

In der prähistorischen Zeit hängte man eine Tierhaut als Tür vor den Höhleneingang.

PRÄHISTORISCHE ZEIT

Die älteste Holztür Europas wurde in der Schweizer Stadt Zürich gefunden; sie stammt aus der Zeit um 5000 v. Chr.

Türen aus Leder

Zu Beginn der Menschheitsgeschichte wurde eine Hütte vor ungebetenen Gästen durch eine primitive „Tür" aus **Tierhaut** oder einem anderen **robusten Material** geschützt. Die Ruhe eines toten ägyptischen Pharaos wurde durch eine **unüberwindliche Steintür** gewahrt, die, einmal geschlossen, von niemandem mehr geöffnet werden konnte. Wenig später schützten die alten Griechen und Römer ihre Wohnungen mit Türen aus **Holz, Bronze oder Marmor**. Holz ist seit sehr langer Zeit das beliebteste Material für Türen.

Ägyptische Schließvorrichtung

Die erste verschließbare Tür gab es im alten Ägypten. Sie war zwar nicht besonders raffiniert, aber ihr **ausgeklügelter Mechanismus aus mehreren Riegeln** erfüllte ihren Zweck: Nur der Besitzer des Schlüssels konnte sie öffnen. Der Schlüssel war ein Holzstab mit Stiften, die genau in die entsprechenden Löcher passten. Mit einem Klick war die Tür verschlossen. Das Schloss-Schlüssel-System ist in der Tat wunderbar einfach! Während sich die Ägypter noch mit ihren Holzstäben abmühten, öffneten die Chinesen bereits 6000 v. Chr. ihre Häuser mit richtigen Schlüsseln für richtige Schlösser!

ALTES ÄGYPTEN

Nur wer den richtigen Schlüssel hatte, dessen Stifte genau in die Löcher passten, konnte diesen hölzernen Riegel öffnen.

Zeitstrahl ⟶

PRÄHISTORISCHE ZEIT	ALTES ÄGYPTEN

Heron von Alexandria

Dieser brillante griechische Denker erfand bereits im 1. Jahrhundert die erste **automatische Tür**. Allerdings war dies nicht die Tür eines Privathauses, sondern der spektakuläre Eingang eines Tempels. Stell dir die Gesichter der Gläubigen vor, als sich die Türen vor ihren Augen von selbst öffneten! Der Mechanismus der Tür war denkbar einfach. Er bestand aus einem hydraulischen System, bei dem sich durch Erwärmung ausdehnende Luft Wasser verdrängte, wodurch die Doppeltüren geöffnet wurden. **Heron**, der von 10 bis 70 n. Chr. lebte, erfand nicht nur die automatische Tür, sondern leitete auch das Moseion in Alexandria und war Mathematiker und Spezialist für Mechanik und Optik.

Robert Barron und sein Zuhaltungsschloss

Joseph Bramah

Automatische Tür des Heron von Alexandria

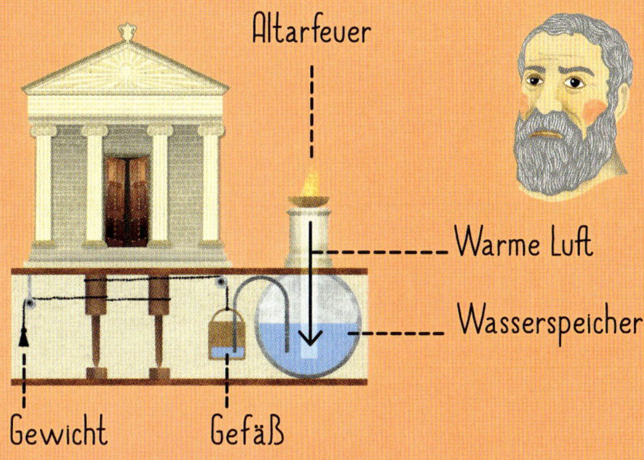

Die vom Altarfeuer erwärmte Luft drückte einen Teil des Wassers aus dem Speicher in ein Gefäß, dessen Gewicht die Tür öffnete. War das Opferfeuer erloschen, kühlte sich die Luft ab und das Wasser floss infolge des Unterdrucks zurück in den Wasserspeicher. Das Gewicht hob das Gefäß wieder auf seine ursprüngliche Höhe und die Tür schloss sich.

Barron und Bramah

1778 erfand und patentierte der Engländer **Robert Barron das Zuhaltungsschloss**. Sechs Jahre später patentierte sein Landsmann Joseph Bramah ein verbessertes Schloss nach dem gleichen Prinzip. 1790 wurde ein Wettbewerb ausgeschrieben: Wer Bramahs Schloss öffnen konnte, würde 200 Guineen gewinnen. Es sollte 60 Jahre dauern, bis das Schloss vom amerikanischen Schlosser **Alfred Hobbs** mit einem von ihm entwickelten Dietrich geknackt wurde. Hobbs brauchte dafür aber 51 Stunden, verteilt auf 16 Tage. Mit Bramahs Erfindung begann die **Ära der Sicherheitsschlösser.**

ANTIKES GRIECHENLAND

18. JAHRHUNDERT

IMPRESSUM

Titel der Originalausgabe: Příběh bydlení. Lidská obydlí od pravěku do současnosti.

Written by Štěpánka Sekaninová & Martin Urbánek
Illustrations by Eva Chupíková

Für die deutsche Ausgabe:

Übersetzung: Gabriela Huber Martins, Beate Staib
Lektorat, Korrektorat, Satz: red.sign, Stuttgart
Produktmanagement: Melissa Behnke, Stephanie Iber

1. Auflage 2024

ISBN 978-3-7358-5310-3 · Best.-Nr. 25310

PRÄHISTORISCHE ZEIT
3 000 000 - 3500 v. Chr.

MESOPOTAMIEN
ca. 3100 - 539 v. Chr.

ALTES ÄGYPTEN
Ende des 4. Jahrtausends v. Chr. - 332 n. Chr.

ANTIKES GRIECHENLAND
ca. 1200 v. Chr. - 6. Jahrhundert n. Chr.

ANTIKE
8. Jahrhundert v. Chr. - 476 n. Chr.

RÖMISCHES RE
753 v. Chr. - 6. Jahrhundert n. C

FRÜHES
6. - 11.